CONSCIENTIZAÇÃO

EDITORA AFILIADA

Coordenador do Conselho Editorial de Educação
Marcos Cezar de Freitas

Conselho Editorial de Educação
José Cerchi Fusari
Marcos Antonio Lorieri
Marli André
Pedro Goergen
Terezinha Azerêdo Rios
Valdemar Sguissardi
Vitor Henrique Paro

Dados Internacionais de Catalogação na Publicação (CIP)
(Câmara Brasileira do Livro, SP, Brasil)

Freire, Paulo, 1921-1997.
   Conscientização / Paulo Freire ; tradução de Tiago José Risi Leme.
-- São Paulo : Cortez, 2016.

   Título original: Conscientisation : reecherche de Paulo Freire :
document de travail.
   Bibliografia.
   ISBN 978-85-249-2427-9

   1. Alfabetização (Educação de adultos) 2. América Latina - Condições sociais - 1945- 3. Educação de adultos - América Latina 4. Freire,
Paulo, 1921-1997 5. Política e educação I. Título.

16-00769   CDD-374.0120981

Índices para catálogo sistemático:

1. Alfabetização de adultos : Método Paulo Freire : Brasil :
   Educação   374.0120981
2. Método Paulo Freire : Alfabetização de adultos : Brasil :
   Educação   374.0120981

Paulo Freire

CONSCIENTIZAÇÃO

Tradução de
Tiago José Risi Leme

1ª edição
5ª reimpressão

CONSCIENTIZAÇÃO
Paulo Freire

Capa: de Sign Arte Visual
Preparação de originais: Solange Martins
Revisão: Maria de Lourdes de Almeida
Composição: Linea Editora Ltda.
Coordenação editorial: Danilo A. Q. Morales

Nenhuma parte desta obra pode ser reproduzida ou duplicada sem autorização expressa dos filhos e filhas do autor e do editor.

Copyright © Filhas e filhos de Paulo Freire

CORTEZ EDITORA
Rua Monte Alegre, 1074 – Perdizes
05014-001 – São Paulo – SP
Tel.: (55 11) 3864-0111 Fax: (55 11) 3864-4290
Site: www.cortezeditora.com.br
e-mail: cortez@cortezeditora.com.br

Impresso no Brasil – fevereiro de 2024

"A conscientização é um tomar posse,
uma ruptura da realidade."

PAULO FREIRE

SUMÁRIO

NOTA DO EDITOR 11

PREFÁCIO — Consciência e história
   Moacir Gadotti 13

PRÓLOGO 31

PRIMEIRA PARTE
O homem e sua experiência

PAULO FREIRE POR ELE MESMO 37
CONTEXTO HISTÓRICO DA EXPERIÊNCIA 42
   No Brasil 42
   No Chile 48

SEGUNDA PARTE
Alfabetização/conscientização

FILOSOFIA E PROBLEMÁTICA.. 55

    Visão de mundo.. 55

    Ideias-força... 66

PROCEDIMENTO METODOLÓGICO 77

    Método.. 77

    Aplicação 90

TERCEIRA PARTE
Práxis da libertação

TRÊS PALAVRAS-CHAVE 101

    A opressão 101

    A dependência 107

    A marginalização 123

LINHAS DE AÇÃO.. 127

    Nova relação pedagógica 127

    Ação cultural e revolução cultural.................................... 142

QUARTA PARTE
Prospectivas

INSCRITO NESTA PESQUISA: O INODEP 155

    Especificidades 156

    Organização 157

O COMPROMISSO DE PAULO FREIRE JUNTO AO INODEP 160

REFERÊNCIAS 165

NOTA DO EDITOR

Este livro está enraizado em minha memória de editor. Remonta a meados da década de 1970, quando o professor Moacir Gadotti regressava de Genebra e noticiou a publicação do livro *Conscientização*, do professor Paulo Freire.

Quis saber mais e como a obra de Paulo Freire sempre teve grande compatibilidade com os compromissos educacionais da Cortez Editora, interessei-me muito em editar essa preciosidade no Brasil.

Tentei inúmeras vezes completar uma ligação internacional e, quando consegui soube por sua esposa, Dona Elza, que o professor "estava trabalhando, dando aula".

Aguardei o horário de almoço local e tornei a ligar conseguindo, então, contato direto com o grande intelectual.

Ao telefone eu me identifiquei e prontamente dialogamos sobre a "nordestinidade" que tínhamos em comum.

Compartilhei minha situação política e narrei minha condição de livreiro na PUC-SP ao mesmo tempo em que expunha como estava se iniciando minha atuação como Editor.

Expus emocionado minha intenção de traduzir e publicar o livro no Brasil.

O projeto não se consolidou imediatamente. O tempo da história sempre tem suas singularidades.

Mas agora, 40 anos depois, tenho a feliz oportunidade de editar essa fiel tradução, retomada da versão original, prefaciada pelo professor Moacir Gadotti e apresentada pelo professor Mario Sergio Cortella, sem dúvida dois seguidores de Paulo Freire e legítimos representantes de sua tradição crítica e inovadora.

Esse projeto permaneceu em minha memória e neste momento torna-se realidade, luminosa realidade.

Como editor me alegro com a publicação de um texto que nunca envelheceu, que sempre se faz atual e fundamentalmente necessário.

Agradeço ao Lutgardes que mediou o processo de edição do livro, representando seus irmãos Joaquim, Maria de Fátima, Maria Madalena e Cristina.

José Xavier Cortez

PREFÁCIO
Consciência e história

Moacir Gadotti
Presidente de honra do Instituto Paulo Freire
Professor aposentado da Universidade de São Paulo

Paulo Freire me convidou para escrever alguns prefácios de seus livros, entre eles, *Educação e mudança* (1979), *Pedagogia: diálogo e conflito* (1985) e *Educação na cidade* (1991). Sempre encarei isso como um grande desafio, diante da responsabilidade que é apresentar um livro não só de um amigo, mas de alguém que tem sido, para mim, a maior referência da minha formação.

Agora, o convite vem de José Xavier Cortez e de Lutgardes Costa Freire. Do meu querido "Lute", posso dizer que é um grande lutador e tem nos inspirado na preservação física, virtual e espiritual do legado de seu pai, nos *Arquivos Paulo Freire* que ele coordena no Instituto Paulo Freire. Cortez tem uma história de vida muito semelhante à minha. Fizemos uma longa trajetória juntos e, nessa caminhada comum, pudemos compartilhar a amizade de Paulo Freire. Nunca esqueço o lançamento do livro editado por ele, *Paulo Freire: uma biobibliografia*, dia 25 de abril de 1996, no Teatro TUCA da PUC-SP. Na ocasião, visivelmente emocionado, Paulo Freire falou da "gostosura" daquela experiência, da "ternura desta festa", discorreu sobre a trajetória da *Pedagogia do oprimido*, reinventando-se com o tempo, falou sobre o neoliberalismo que "cismou acabar com o sonho e a utopia". E deixou consignada uma declaração de amor e amizade para o nosso querido Cortez: "quero agradecer a Cortez por ter editado este livro. Eu disse recentemente no Recife e em Fortaleza que, se o país tiver sensibilidade, reconhecimento, amor e o sentimento do agradecimento corajoso e leal, Cortez vai virar nome de instituição no país todo. Tenho Cortez como editor e também como amigo".

E o amigo de tantas jornadas lança agora este livro seminal de Paulo Freire, nascido das primeiras práticas de seu trabalho no campo da educação de adultos. Não se trata de um livro de abstrações sobre a consciência, mas de reflexão crítica sobre sua própria práxis.

A primeira parte trata do contexto histórico no qual o conceito de conscientização — que não se confunde com tomada de consciência — surgiu primeiro no Brasil e, depois, em sua atuação no Chile.

As experiências brasileiras e chilenas ofereceram elementos para que Paulo Freire, assim que chegou em Genebra, na

CONSCIENTIZAÇÃO

Suíça, pudesse se debruçar à escrita dos textos aqui sistematizados. A equipe do INODEP (Institut Oecuménique au Service du Développement des Peuples), de Paris, responsabilizou-se pela publicação. Paulo Freire deixa claro que ele não inventou a palavra "conscientização" — pois foi criada por uma equipe do ISEB (Instituto Superior de Estudos Brasileiros). Mas, como ele mesmo diz no início da segunda parte deste livro, percebeu imediatamente a "profundidade" e o "significado" desse conceito, incorporando-o à sua práxis. A partir daí, passou a ser uma categoria fundamental do seu pensamento político-pedagógico.

Paulo Freire deu a essa palavra um conteúdo político-pedagógico tão particular a ponto de nos permitir afirmar que ela "renasceu", tornando-o "pai" desse novo vocábulo. Para Paulo Freire, *conscientização* é o desenvolvimento crítico da tomada de consciência, um ir além da fase espontânea da apreensão do real para chegar a uma fase crítica na qual a realidade se torna um objeto cognoscível. Já a tomada de consciência, ou "prise de conscience", expressão muito utilizada por Jean Piaget, é uma etapa da conscientização, mas não é a conscientização. A conscientização é a tomada de consciência que se aprofunda, é o desenvolvimento crítico da tomada de consciência. A conscientização implica ação e a tomada de consciência, não.

É a consciência que determina a maneira pela qual o ser humano se relaciona com o mundo. Por outro lado, a consciência é socialmente determinada pelas estruturas que nos rodeiam e que podem ser transformadas. História é possibilidade e não determinação, dizia Freire. Há uma relação dialética entre consciência e história. Mudar a consciência e as estruturas sociais, políticas e econômicas, são processos interdependentes que supõem a intervenção de agentes transformadores.

Na sua reelaboração do conceito isebiano de conscientização, Paulo Freire introduz a noção de "estágios" não mecânicos, mas dialéticos, da consciência, distinguindo *consciência ingênua* de *consciência crítica*. Para ele, a consciência ingênua é a consciência humana no grau mais elementar de seu desenvolvimento, quando ainda está imersa na natureza e percebe os fenômenos, mas não sabe colocar-se a distância deles para julgá-los. É a consciência no estado "natural", ainda mágico. Este estado da consciência pode ser chamado de "natural", na medida em que a passagem da consciência ingênua para a consciência crítica se dá por um processo de humanização, de desnaturalização.

Por outro lado, a *consciência crítica* é o conhecimento ou a percepção que consegue desocultar certas razões que explicam a maneira como os homens e as mulheres estão no mundo. Ela desvela a realidade, conduz os seres humanos à sua "vocação ontológica" e histórica de humanizar-se. Ela se fundamenta na criatividade e estimula a reflexão e a ação verdadeiras dos seres humanos sobre a realidade, promovendo a sua transformação criadora.

O tema da conscientização, em Paulo Freire, está associado ao tema da *liberdade* e da *libertação*, categorias centrais de sua concepção antropológica, desde suas primeiras obras.

Sua concepção de educação fundamenta-se numa antropologia. A finalidade da educação é a de libertar-se da realidade opressiva e da injustiça. A educação visa à libertação, à transformação radical do sujeito, que é educado e que educa também, tornando-se "ser mais" e da realidade, para melhorá-la, para torná-la mais humana, para permitir que os homens e as mulheres sejam reconhecidos como sujeitos da sua própria história e não como objetos.

A libertação, como fim da educação, situa-se no horizonte de uma visão utópica da sociedade. A educação, a formação, devem permitir uma leitura crítica do mundo e de nosso "estar sendo no mundo", dizia ele. O mundo que nos rodeia é um mundo inacabado, e isso implica a denúncia da realidade opressiva, da realidade injusta e, consequentemente, de crítica transformadora, portanto, de anúncio de outra realidade. O anúncio é necessário como um momento de uma nova realidade a ser criada. Essa nova realidade do amanhã é a utopia do educador de hoje. Para Paulo Freire, a utopia é o realismo do educador. Não pode ser realista o educador que não é utópico.

A conscientização é o processo pedagógico que busca dar ao ser humano uma oportunidade de descobrir-se através da reflexão sobre a sua existência. Ela consiste em inserir criticamente os seres humanos na ação transformadora da realidade, implicando, de um lado, no desvelamento da realidade opressora e, de outro, na ação sobre ela para modificá-la.

Educação não é só ciência. É arte e práxis, ação-reflexão, conscientização e projeto. Como projeto, a educação precisa reinstalar permanentemente a esperança de um mundo melhor diante do nosso inacabamento e do inacabamento da sociedade. Nada mais atual do que esse pensamento de Paulo Freire numa época em que muitos educadores vivem alimentados mais pelo desencanto do que de esperança.

A afirmação da utopia como práxis docente e discente lembra o paradigma humanista, cristão e marxista. O que há de original em Freire, com relação ao marxismo ortodoxo, é que ele afirma a subjetividade como condição da revolução, da transformação social. Daí o papel da educação como cons-cientização. Ele afirma o papel do sujeito na história e a história como possibilidade. Ele não entende a história como possibilidade que se realiza por meio de um movimento mecânico de luta de classes, pura e simplesmente, mas pela ação consciente de sujeitos históricos organizados.

Ele nos fala aqui também das diferentes "fases" de seu *método* político-pedagógico de alfabetização de adultos. Quero deter-me um pouco mais nesse tema, muito marcado pela experiência de Angicos (RN), agora que já se passaram mais de 50 anos daquele emblemático experimento. Toman-do distância desse momento, podemos dizer que seu signifi-cado foi muito além de suas pretensões iniciais. Angicos não é apenas um símbolo da luta contra o analfabetismo no Brasil. É um marco em favor da universalização da educação em todos os graus, superando a visão elitista.

Como tem sustentado um dos primeiros críticos de Paulo Freire, o educador argentino Carlos Alberto Torres, Angicos foi a fermentação de um processo de mudança pedagógica mais vasta e mais profunda, além de anunciar também a possibilidade de mudanças políticas e sociais. Na turbulência social da época, em que a alfabetização de adultos aparecia como precondição para o desenvolvimento social, político e econômico, Angicos nos permitiu escutar a voz dos oprimidos clamando por justiça social, por solidariedade, por democracia.

No século XXI, no contexto em que estamos inseridos, o projeto freiriano de Angicos continua atual, pois ele representa, sobretudo, um projeto de nação, um projeto de nação alfabetizada, numa concepção ampliada da alfabetização. Trata-se da retomada de uma filosofia e de uma política que concebe o Estado como um instrumento de transformação social, um instrumento de gestão do desenvolvimento, um instrumento de luta contra a opressão, um instrumento de libertação, e não, simplesmente, de regulação e de "governança" da ação social, como querem os neoliberais.

Numa época em que predominava — e ainda predomina — uma educação burocrática, formal e impositiva, ele se contrapôs às concepções e práticas dominantes na educação, levando em conta as necessidades e problemas das comunidades e as diferenças étnico-culturais, sociais, de gênero, e os diferentes contextos e identidades. Freire procurava empoderar as pessoas mais necessitadas para que elas mesmas pudessem tomar suas próprias decisões, autonomamente. Seu método pedagógico aumentava a participação ativa e consciente.

A coragem de pôr em prática um autêntico trabalho de educação que identifica a alfabetização com um processo de conscientização, criando condições para que o oprimido, ao se apropriar da leitura e escrita, fosse também se apropriando de um processo para a sua libertação. Isso fez dele um dos primeiros brasileiros a serem exilados. A metodologia por ele desenvolvida foi muito utilizada no Brasil em diferentes projetos de alfabetização conscientizadora e, por isso, foi acusado de subverter a ordem instituída.

Com certeza, podemos dizer que o pensamento de Paulo Freire é um produto existencial e histórico. Ele forjou seu pensamento na luta, na "práxis" — entendida como "ação + reflexão" —, como ele a definia. Freire nos dizia que práxis nada tinha a ver com a conotação frequente de "prática" em sua acepção pragmatista ou utilitária. Para ele, práxis é ação transformadora.

A sociedade brasileira e latino-americana da década de sessenta do século passado pode ser considerada como o grande laboratório em que se forjou aquilo que ficou conhecido como "Método Paulo Freire". A situação de intensa mobilização política desse período teve uma importância fundamental na consolidação do seu pensamento. O momento histórico que ele viveu, tanto no Brasil quanto no Chile, é fundamental no entendimento da sua obra. Essa experiência foi determinante para a formação do seu pensamento político-pedagógico. No Chile, ele encontrou um espaço político, social e educativo muito dinâmico, rico e desafiante, permitindo-lhe reestudar seu método em outro contexto, avaliá-lo na prática e sistematizá-lo teoricamente.

Na constituição do seu método pedagógico, Paulo Freire fundamentava-se nas ciências da educação, principalmente a psicologia e a sociologia. A sua teoria da codificação e da decodificação das palavras e temas geradores caminhou passo a passo com o desenvolvimento da chamada pesquisa participante.

Entretanto, Paulo Freire não pode ser confundido apenas como um construtor de métodos. Ele tinha razão ao se insurgir contra uma certa mitificação do seu método. Ele tinha pavor de reducionismos, porque eles estiolam a complexidade da realidade. Nada de dogmas metodológicos. Ele tinha aprendido com a fenomenologia que devemos "ir às coisas", à realidade, ler primeiro o mundo. Seu método deveria ser submetido ao crivo da práxis. Ele é sempre experimental.

É certo que, inicialmente, ficou mais conhecido por seu método de ensino e de pesquisa ancorados numa antropologia e numa teoria do conhecimento, imprescindível, até hoje, na formação do educador. Mas ele não ficou nisso. Seu labor intelectual foi muito além de uma metodologia. Paulo Freire é autor de uma imensa obra político-pedagógica e filosófica que atravessou as fronteiras geográficas e também as fronteiras das ciências e das artes, para além da América Latina.

Paulo Freire foi um dos grandes idealizadores do paradigma da *Educação Popular*. São conhecidas as suas teses que contribuíram para com o avanço na teoria e nas práticas da Educação Popular, entre outras: teorizar a prática para transformá-la; o reconhecimento da legitimidade do saber popular, da cultura do povo, suas crenças, numa época de extremado elitismo; a harmonização entre o formal e não formal. Para ele, a Educação Popular é um direito humano, direito de se emancipar, combinando trabalho intelectual com trabalho manual, reflexão e ação, teoria e prática, enfim, a conscientização, transformação, a organização e o trabalho.

Essas inspiradoras contribuições de Paulo Freire à Educação Popular continuam muito atuais, constantemente reinventadas por novas práticas sociais e educativas. Miríades de experiências de Educação Popular e de adultos inspiram-se e continuam inspirando-se em suas ideias pedagógicas.

Uma curiosidade desta nova publicação que apresento é o gráfico que se encontra na página 70 do livro originalmente publicado pelo INODEP, em 1971, que trata da "teoria da ação revolucionária" e da "teoria da ação opressora" e que se encontra na página 15 do quarto capítulo dos manuscritos do livro *Pedagogia do oprimido*. Creio que é o único lugar onde esse gráfico foi publicado.

As primeiras edições da *Pedagogia do oprimido* não foram inteiramente fiéis aos manuscritos. Durante as primeiras edições (página 158 da edição brasileira), havia mais de meia página em branco. Não se sabe por que havia sido omitido esse quadro que resume a "intersubjetividade": a relação horizontal — entre os sujeitos-atores (lideranças revolucionárias) e os atores-sujeitos (massas oprimidas) da teoria da ação revolucionária — e a relação vertical entre atores e sujeitos, na teoria da ação opressora. Segundo Paulo Freire, enquanto a teoria da ação revolucionária leva à humanização, a teoria da ação opressora leva à "manutenção objetiva da opressão".

Esse quadro explicativo tem tudo a ver com a relação entre os intelectuais e as massas. Paulo Freire dava grande importância à teoria para uma práxis transformadora. A educação bancária e o seu oposto, a educação problematizadora, fundam-se, respectivamente, na "teoria da ação antidialógica", caracterizada pela conquista, pela divisão do povo, pela manipulação e pela invasão cultural, e na "teoria da ação dialógica", caracterizada pela colaboração, pela união, pela organização e pela síntese cultural. Fico feliz em ver esse gráfico de Paulo Freire publicado nesta edição de *Conscientização*, introduzindo o item "Ação cultural e Revolução cultural".

Quando as pessoas aprendem a ler e a escrever sua realidade, atuando sobre ela para transformá-la, sua ação é uma *ação cultural*. Para Paulo Freire, todos os seres humanos, ao entrarem em contato com a natureza e refletirem sobre o sentido que tem sua ação, são criadores de cultura. Portanto, sua ação é uma ação cultural. A ação cultural é um ato de conhecimento e de transformação da realidade.

Paulo Freire chama de *invasão cultural* à penetração, em uma sociedade qualquer, de uma cultura estranha que a invade e lhe impõe sua maneira de ser e de ver o mundo. A ação cultural se transforma num ato de resistência à invasão cultural. Para ele, a *revolução cultural* é a continuação necessária da ação cultural dialógica a ser realizada no processo anterior à chegada ao poder que pode dar-se de forma violenta ou não. Paulo falou, em diversas ocasiões, de uma revolução democrática, sem o uso de métodos violentos, e amorosa, usando o adjetivo "amoroso" com uma nova acepção em que, mais do que o afeto, é o amor que se constitui, no caso, no princípio revolucionário.

O conceito de *revolução* de Paulo Freire tem tudo a ver com a leitura da obra de Amílcar Cabral, a quem chamava de "pedagogo da revolução". Paulo Freire tinha uma imensa admiração por Amílcar Cabral e planejava escrever uma biografia sobre ele. Amílcar Cabral foi, ao mesmo tempo, um revolucionário e um pedagogo da revolução. Defendia a "arma da teoria". Como dirigente do Partido Africano da Independência da Guiné e Cabo Verde (PAIGC), a primeira organização de libertação das colônias portuguesas, fundada em 1956, insistia na importância de todo revolucionário estudar. Foi assassinado em 1973. Paulo dizia que a revolução deve dar-se no campo da cultura, da transformação social via conscientização e organização, as quais não se dão sem a reflexão, sem a "teoria da ação revolucionária".

É nesse sentido que a educação é um ato político e pode associar-se à revolução. Para Paulo Freire, a conscientização — a formação da consciência crítica que se dá na práxis individual e social — é uma condição necessária da revolução, para que os sujeitos assumam a aventura de se reinventar e reinventar a sociedade.

Até hoje, o projeto político-ideológico do grande educador brasileiro repercute nas práticas de milhares de educadores tanto da Educação Popular não escolar quanto da educação formal em seus diversos níveis e modalidades.

A tese anunciada neste livro de que *não há educação neutra* repercutiu e continua repercutindo mundo afora. Depois de Paulo Freire, não se pode mais afirmar que a educação é neutra. Mas esta sua tese também causou controvérsias e ataques à sua obra. Neste ano em que está sendo preparado o lançamento desta obra, Paulo Freire tem sido atacado em manifestações de rua que sustentavam uma faixa pedindo sua exclusão das nossas escolas. Talvez, a existência dessas faixas revele justamente o contrário: a ausência de Paulo Freire nas nossas escolas. Se houvesse um pouco mais de conhecimento e de compreensão das ideias freirianas e de sua valorização no campo educacional brasileiro, as pessoas saberiam que as contribuições de Paulo Freire ainda não alcançaram a nossa educação. Pelo contrário: assistimos a um processo de fortalecimento da "mercoescola", de privatização, de mercantilização da educação, de transformação da educação em mercadoria, e não em direito, da ausência da educação cidadã, emancipadora, que desfralde bandeiras e faixas pela inclusão da educação que humaniza, que não coloniza mentes e corações.

A pedagogia do diálogo que praticava fundamenta-se numa filosofia pluralista. O pluralismo não significa ecletismo ou posições "adocicadas", como ele costumava dizer. Significa ter um ponto de vista e, a partir dele, dialogar com os demais.

O legado de Paulo Freire não pode ser considerado uma contribuição à educação do passado, mas à educação do futuro. Alguns certamente gostariam de deixá-lo para trás na história das ideias pedagógicas, e outros gostariam de esquecê-lo, por causa de suas opções políticas. Creio que o seu legado não está só na sua teoria do conhecimento e na sua filosofia educacional, mas em ter insistido no pressuposto de que é possível, urgente e necessário mudar a ordem das coisas.

Ele não só convenceu tantas pessoas em tantas partes do mundo pelas suas teorias e práticas, mas também porque despertava nelas a capacidade de sonhar com uma realidade mais humana, menos feia e mais justa. Como legado, nos deixou a utopia.

Voltando ao tema inicial deste prefácio. O que Paulo Freire nos propõe aqui é não ficar apenas na discussão dos meios para alcançar a qualidade da educação. Ele nos propõe discutir os fins da educação e não só os meios. Aperfeiçoam-se hoje mais os meios de avaliar o ensino, por exemplo, sem se perguntar o que se está avaliando. Discutem-se os meios e não se fala dos fins. Não se discute a educação que desejamos para o país que queremos. Assim, evita-se colocar a questão política.

As escolas têm evitado falar de política. Onde está hoje a formação crítica, cidadã? Em raras experiências de administrações populares. Ela está mais presente nas ONGs e nos Movimentos Sociais e Populares. De modo geral, não está na escola. Nisso, pode-se dizer que o pensamento da ditadura militar que Paulo Freire combateu e, por conta dessa luta, foi preso e exilado, continua enraizado na política educacional brasileira até hoje. Em certos ambientes, trata-se a formação cidadã com desprezo. Não basta incluir. É preciso emancipar.

Não se pode *mudar o mundo* sem *mudar as pessoas*: mudar o mundo e mudar as pessoas são processos interligados. Mudar o mundo depende de todos nós: é preciso que cada um tome consciência e se organize. Paulo Freire pode ser considerado um educador de "outros mundos possíveis", para usar o lema do Fórum Social Mundial. Educar para outros mundos possíveis é educar para superar a lógica desumanizadora do capital que tem no individualismo e no lucro seus fundamentos, é educar para transformar radicalmente o modelo econômico e político atual, para que haja justiça social e ambiental.

Assim, penso que educar para outros mundos possíveis, como aqui nos propõe Paulo Freire, é educar para visibilizar o que foi escondido para oprimir. A luta feminista, o movimento LGBT, o movimento ecológico, o movimento pelos direitos humanos, o movimento dos sem-terra, dos sem-teto e outros tantos, tornaram visível o que estava invisibilizado por séculos de opressão. Com isso, estão educando para outros mundos possíveis.

Educar para outros mundos possíveis é educar para conscientizar, para desalienar, para desfetichizar. Educar para outros mundos possíveis é educar para a emergência do que ainda não é, o ainda-não, a utopia. É também educar para a ruptura, para o nunca-mais, para a rebeldia, para a recusa, para dizer "não", para "gritar". Como sonhava Paulo Freire, a educação pode construir um outro mundo melhor, um mundo mais humanizado. É o convite que ele nos faz com este livro.

Boa leitura!

CONSCIENTIZAÇÃO

PRÓLOGO

Paulo Freire: um homem, uma presença, uma experiência.

Um homem, situado e datado, como cada um daqueles que precisam lutar para tornar-se "sujeitos da História"; mas também um homem enraizado numa realidade brasileira que, tanto para nós quanto para ele, desperta um questionamento e um engajamento.

Uma presença que torna viva e expressiva esta "cultura do silêncio", à qual, sob o risco de suicídio coletivo, temos obrigação de dar voz.

Uma experiência que ainda não deu a última palavra. A conscientização, método pedagógico de libertação de camponeses analfabetos, abriu caminho a linhas de pesquisa múltiplas e diversificadas:

- novas leituras das realidades cotidianas;
- métodos de análise das relações de dependência e das situações de conflito: *leader*/massa, dominante/dominado, homem/mulher, trabalho/lazer...

- passagem de uma visão setorial a uma visão global;
- estudo dos vínculos entre uma teologia libertadora e uma pedagogia libertadora;
- elaboração de uma metodologia da mudança.

Pelo fato de a obra de Paulo Freire ir muito além do homem e da experiência, pareceu-nos necessário elaborar este documento de trabalho para atender à expectativa daqueles que, trabalhando pela transformação das estruturas e das mentalidades, precisam de instrumentos de análise e ferramentas de trabalho para uma ação eficaz.

Na Primeira Parte, Paulo Freire "diz" estar ele próprio voltando a suas origens rurais.

Em seguida, podemos acompanhá-lo em seus dois campos de ação — no Brasil e no Chile —, onde elaborou e pôs em prática seu método de alfabetização-conscientização, em virtude do qual homens e mulheres, aprendendo a ler, começaram a assumir a própria existência enquanto engajamento na História.

O projeto educacional de Paulo Freire é um projeto libertador. Desde o início, os círculos de cultura incluíram não somente uma denúncia das situações de dominação, que impedem o homem de ser homem, mas também uma afirmação que, no contexto, constituía uma descoberta, qual seja, a da capacidade criadora de todo ser humano, por mais alienado que estivesse. Daí a necessidade de atuar sobre a realidade social, a fim de transformá-la, ação essa que é interação, comunhão, diálogo. Educador e educando, ambos sujeitos criadores, se libertam mutuamente para juntos se tornarem criadores de realidades novas. É o que se encontra explicitado na Segunda e na Terceira Partes: a segunda, centrada no método e no modo de aplicá-lo; a terceira, por sua vez, centrada na educação, práxis da liberdade.

A Quarta Parte introduz o leitor numa prospectiva. O INODEP está inserido na pesquisa de Paulo Freire que, em julho de 1970, aceitou ser seu presidente. Ele já considerava o INODEP um serviço, uma plataforma, dando a homens "do Terceiro Mundo e do Primeiro Mundo" a possibilidade de encontrar-se, confrontar-se, para — aceitando a mediação das realidades concretas — descobrir e promover juntos um desenvolvimento verdadeiramente libertador.

Graças ao acesso, por meio do próprio Paulo Freire, a seus editores e inúmeros amigos, a todas as suas obras, escritos, artigos, conferências etc., bem como às apresentações e comentários que deles se fizeram em alemão, espanhol, francês, inglês, italiano, português, extraímos dali trechos particularmente significativos, para agrupá-los de acordo com os temas essenciais de seu pensamento, com o cuidado de sempre respeitar sua própria dialética: reflexão-ação.

PRIMEIRA PARTE

O homem e sua experiência

PAULO FREIRE POR ELE MESMO

Nasci em 19 de setembro de 1921, em Recife, Estrada do Encanamento, bairro da Casa Amarela.

Joaquim Temistocles Freire, do Rio Grande do Norte, oficial da Polícia Militar de Pernambuco, espírita, sem ser membro de grupos religiosos, bom, inteligente, capaz de amar: meu pai.

Edeltrudes Neves Freire, de Pernambuco, católica, doce, boa, justa: minha mãe.

Ele morreu há muito tempo, o que me marcou para sempre.

Ela vive e sofre, confiando sem cessar em Deus e em sua bondade.

Com eles aprendi o diálogo que tentei cultivar com o mundo, com os homens, com Deus, com minha mulher, com meus filhos. O respeito de meu pai pelas crenças religiosas de minha mãe me ensinou a respeitar, desde criança, as escolhas dos outros. Ainda hoje me lembro com que afeição ele me ouviu quando lhe disse que queria fazer minha primeira comunhão. Escolhi a religião de minha mãe e ela me ajudou a tornar essa escolha efetiva. As mãos de meu pai não foram feitas para bater nos filhos, mas para ensiná-los a fazer as coisas. A crise econômica de 1929 levou minha família a tentar a vida em Jaboatão, onde parecia menos difícil sobreviver. Numa manhã de abril de 1931, chegamos a nossa casa, onde eu viveria experiências que me marcaram profundamente.

Em Jaboatão,[1] perdi meu pai. Em Jaboatão, passei fome e compreendi a fome dos outros. Em Jaboatão, ainda criança, tornei-me um homem, devido à dor e ao sofrimento que, no entanto, não me fizeram naufragar no desespero. Em Jaboatão, joguei bola com as crianças do vilarejo. Nadei no rio e tive "minha primeira iluminação": um dia vi uma garota nua. Ela me olhou e riu. Em Jaboatão, aos dez anos, comecei a pensar que havia muitas coisas, no mundo dos homens, que não estavam certas. E, embora sendo ainda uma criança, eu me perguntava o que poderia fazer para ajudar.

Não sem dificuldade, consegui passar no exame de admissão à escola secundária. Estava com quinze anos e ainda escrevia "rato" com dois "r". Aos vinte anos, entretanto, na Faculdade de Direito, já tinha lido os *Serões gramaticais,* de Carneiro Ribeiro, a *Réplica* e a *Tréplica* de Rui Barbosa, certos

---

1. Município da região metropolitana de Recife. Passou a se chamar Jaboatão dos Guararapes em 1989, por um decreto estadual, em homenagem à Batalha dos Guararapes, ocorrida no século XVII, entre portugueses e holandeses. Estes acabaram expulsos da região. (N. do T.)

gramáticos brasileiros e portugueses, e comecei a me iniciar nos estudos de filosofia e psicologia da linguagem, tornando--me professor de português na escola secundária. Comecei então a leitura de algumas obras fundamentais da literatura brasileira e de algumas outras obras estrangeiras.

Como professor de português, podia satisfazer o gosto particular que tinha pelos estudos relativos a minha língua, ao mesmo tempo que ajudava meus irmãos mais velhos a prover as necessidades da família.

Nessa época, em razão da distância, que em minha inge-nuidade eu não podia compreender, entre a vida em si mesma, o engajamento que ela exige e o que diziam os padres em seus sermões de domingo, distanciei-me da Igreja — mas nunca de Deus — durante um ano, para grande pesar de minha mãe. Voltei a ela graças às leituras de Tristão de Atayde, de quem me lembro sempre, e pelo qual tenho, desde então, uma ad-miração ilimitada.

Tanto quanto Atayde, lia Maritain, Bernanos, Mounier e outros.

Como tinha uma vocação irresistível para ser pai de fa-mília, casei-me aos vinte e três anos, com Elza Maia Costa Oliveira, de Recife, hoje Elza Freire, também católica. Com ela continuei o diálogo que aprendi com meus pais. Tivemos cinco filhos, três meninas e dois meninos, com os quais nos-so campo de diálogo se ampliou.

A Elza, professora primária, posteriormente diretora de escola, devo muito. Sua coragem, sua compreensão, sua capacidade de amar, seu interesse por tudo o que faço, sua ajuda jamais negada, e que nem mesmo é preciso pedir, sempre me sustentaram nas situações mais difíceis. Foi a partir de meu casamento que comecei a me interessar sistematicamente pelos problemas da educação. Estudava mais a educação, a filosofia e a sociologia da educação que o direito, disciplina na qual fui um aluno mediano.

Licenciado em Direito na universidade — hoje chamada Universidade Federal de Pernambuco —, tentei trabalhar com dois colegas. Logo abandonei a primeira causa: uma ação de pagamento. Depois de falar com o jovem dentista, devedor tímido e hesitante, em nosso escritório, deixei-o em paz: que ele prescindisse de mim enquanto advogado, eu já preferia não sê-lo mais!

Foi trabalhando num departamento do Serviço Social, embora fosse de tipo "assistencialista" — SESI —, que retomei meu diálogo com o povo, sendo já homem. Como diretor do Departamento de Educação e de Cultura do SESI de Pernambuco e, em seguida, em sua superintendência, de 1946 a 1954, fiz as primeiras experiências que me conduziriam mais tarde ao método para o qual realizei minhas pesquisas iniciais em 1961. Isso teve lugar no Movimento de Cultura Popular de Recife, do qual fui um dos fundadores, e que seria depois prolongado pelo Serviço de Extensão Cultural da Universidade de Recife, da qual fui o primeiro diretor.

O golpe de Estado não somente interrompeu abruptamente todo o esforço que empreendíamos no campo da educação de adultos e da cultura popular, como também me levou a ficar preso por aproximadamente setenta dias (com tantos outros engajados no mesmo esforço). Durante quatro dias, fui submetido a interrogatórios que continuaram nos IPM[2] do Rio, dos quais me livrei ao buscar refúgio na Embaixada da Bolívia, em setembro de 1964. Na maior parte dos julgamentos aos quais fui submetido, o que se queria provar, além de minha "ignorância absoluta" (como se houvesse uma ignorância absoluta ou uma sabedoria absoluta; esta última só existe em Deus), era o perigo que eu representava.

Fui considerado um "subversivo internacional", um "traidor de Cristo e do povo brasileiro". "Você nega, perguntava um dos inquisidores, que seu método seja semelhante ao de Stálin, Hitler, Perón e Mussolini? Você nega que, com seu pretenso método, o que você queria era bolchevizar o país?..."

O que me parece muito claro em toda a minha experiência, da qual saí sem ódio nem desespero, é que uma onda ameaçadora de irracionalismo caiu sobre nós: forma ou distorção patológica da consciência ingênua, extremamente perigosa, por causa da falta de amor da qual se nutre, por causa da mística que a anima.[3]

---

2. Inquérito Policial Militar. (N. do T.)

3. Cf. Márcio Moreira Alves, *Cristo del Pueblo*, Santiago, Ercilla, 1970.

CONTEXTO HISTÓRICO DA EXPERIÊNCIA

No Brasil

O Movimento de Educação Popular foi uma das inúmeras modalidades, adotadas no Brasil, de mobilização de massas. Foi possível registrar inúmeros procedimentos de natureza política, social e cultural de mobilização e de "conscientização" das massas, desde a participação popular cada vez maior, por meio do voto (participação geralmente conduzida pelos líderes populistas), até o Movimento de Cultura Popular, organizado pelos estudantes. Em relação a isso, deve-se mencionar o esforço pelo aumento do sindicalismo rural e urbano, iniciado quando Almino Afonso era Ministro do Trabalho, e que continuou posteriormente. Em doze meses foram criados aproximadamente 1.300 sindicatos rurais; as imensas greves dos trabalhadores rurais de Pernambuco, em 1951 — a primeira delas reuniu 85.000 grevistas, e a segunda, 230.000 —, dão uma ideia de sua importância. Por outro lado, a SUPRA

— Superintendência da Reforma Agrária — conseguiu, apesar de ter existido por pouco tempo, reunir as classes campesinas para que defendessem seus interesses, acarretando uma repercussão política significativa. Esse esforço de mobilização — realizado de modo mais intenso no final do governo de João Goulart — havia apenas dado início à realização de seu cronograma de atividades quando se deu a queda do regime populista que tornara possíveis tais iniciativas. Tal esforço então se limitou à criação de uma "atmosfera ideológica" que não pôde contar com as condições necessárias à constituição de uma ideologia popular autêntica.

As relações do trabalho de Paulo Freire com a ascensão popular são bastante claras. Seu movimento teve início em 1962, no Nordeste, a região mais carente do Brasil, com quinze milhões de analfabetos numa população de 25 milhões de habitantes. Nesse momento, a Aliança para o Progresso, cujo *leitmotiv* no Brasil era a miséria do Nordeste, se interessou pela experiência realizada na cidade de Angicos (Rio Grande do Norte), mas tal interesse terminou logo após o fim da experiência propriamente dita. Os resultados obtidos — trezentos trabalhadores alfabetizados em 45 dias — impressionaram profundamente a opinião pública. Decidiu-se aplicar o método por todo o território nacional, mas dessa vez com o apoio do governo federal. Foi assim que, de junho de 1963 a março de 1964, realizaram-se cursos de formação de coordenadores na maior parte das capitais dos estados brasileiros (no estado do Rio de Janeiro, mais de 6.000 pessoas foram inscritas); cursos também foram criados nos estados do Rio Grande do

Norte, São Paulo, Bahia, Sergipe e Rio Grande do Sul, reunindo vários milhares de pessoas. O plano de ação de 1964 previa a instalação de 20.000 círculos culturais capazes de formar, no mesmo ano, aproximadamente dois milhões de alunos (cada círculo formando, em dois meses, trinta alunos).

Assim começava, em âmbito nacional, uma campanha de alfabetização que primeiramente chegava às zonas urbanas, mas devia se ampliar imediatamente aos setores rurais.

As frentes reacionárias não conseguiram compreender que um educador católico se tornara o meio de expressão dos oprimidos; com maior razão, foi-lhes impossível admitir que levar cultura ao povo era conduzi-lo a pôr em dúvida a validade dos privilégios delas. Assim, preferiram acusar Paulo Freire — o pavor do comunismo era muito forte — de ideias que não eram suas, bem como atacar o movimento de democratização da cultura, no qual percebiam o gérmen da revolta, tendo como base apenas o fato de que uma pedagogia da liberdade é, em essência, fonte de rebelião. Como era de esperar, os grupos reacionários confundiram sistematicamente em suas acusações a política e o educador, e consideraram a formação da consciência das massas como apresentando todos os sintomas de uma perigosa estratégia de subversão. Em contrapartida, o mais assustador é observar, por parte das forças associadas à mobilização popular, uma incapacidade total em perceber e assumir as consequências implicadas pela formação das consciências em vista da ação.

Apesar de o Movimento de Educação Popular, em razão do golpe militar, não ter tido a possibilidade de realizar o conjunto de seu primeiro plano nacional, os protestos de certos grupos oligárquicos, particularmente do Nordeste, como também a evolução do processo político, dão a entender claramente que o desenvolvimento dos planos estabelecidos teria tido como resultado quase imediato um violento choque eleitoral em certos setores tradicionais, à medida que desaparecia o não reconhecimento legal da cidadania política da maior parte da população brasileira adulta (em 1960, numa população de 34,5 milhões de habitantes com 18 anos ou mais, estavam inscritos 15,5 milhões de eleitores). Partidários da exclusão dos analfabetos — portanto, da maior parte das classes populares —, os grupos de direita jamais esconderam sua aversão a todas as tentativas de aumentar o número de eleitores. O projeto de Getúlio Vargas, de considerar como eleitores todas as pessoas inscritas nos organismos de Previdência Social, foi alvo das críticas mais severas por parte dos setores reacionários. Sendo-lhes então impossível restabelecer a "república oligárquica" de antes de 1930, era indispensável, no entanto, ao menos deter esse processo de ampliação da participação popular, limitando-o por todos os meios e argumentos imagináveis, sobretudo mediante oposição à extensão do direito de voto ao conjunto dos analfabetos. Com efeito, se a participação das massas alfabetizadas já estava alterando significativamente o esquema das relações de poder, o que aconteceria caso se permitisse a participação de todas as classes populares? Para os grupos de direita, a perda de seus privilégios e, para o povo, o começo de uma verdadeira democracia?

A importância política da exclusão dos analfabetos é particularmente notável nas regiões mais pobres do país. A vitória de Miguel Arraes como governador de Pernambuco nas eleições de 1962 é um exemplo eloquente disso. Líder popular de primeiro plano, apoiado pelas massas urbanas, Arraes venceu em Recife, capital do estado, mas foi derrotado no interior, cujo eleitorado era constituído pela pequena burguesia, pelos grandes fazendeiros e grandes famílias. Por isso, um líder político agrário como Francisco Julião, criador das Ligas Camponesas e de prestígio nacional, tinha pouca chance de ser eleito; por isso também, os líderes populistas que poderiam eventualmente ocupar o cargo de governador nos estados do Norte foram quase inevitavelmente levados a aliar-se aos grandes proprietários.

O Movimento de Educação Popular representava um risco real à manutenção da antiga situação. O plano de 1964 devia permitir que aumentasse o número de eleitores em várias regiões: no estado de Sergipe, por exemplo, o plano devia acrescentar 80.000 eleitores aos 90.000 existentes; em Pernambuco, o número dos votantes passaria de 800.000 a 1.300.000.

Todos nós sabemos o que pretendem os "populistas" — tanto no Brasil como em qualquer outro país da América Latina — mediante a mobilização das massas: um homem vale um voto. E aí está o problema, pois, de acordo com nossa pedagogia da liberdade, formar para a democracia não pode significar somente transformar o analfabeto em eleitor, submeter-se às alternativas de um esquema de poder já existente.

Uma educação deve ao mesmo tempo preparar para um juízo crítico das alternativas propostas pelas elites e dar a possibilidade de escolher o próprio caminho.

Não foi apenas em razão de suas ideias, mas principalmente porque quis fazer da libertação do homem o próprio sentido de sua ação, que Paulo Freire está hoje no exílio. Existe uma coerência fundamental entre os princípios e a ação do educador. Sua concepção de educação pode ser uma abertura para a história concreta, e não uma simples idealização da liberdade.

No contexto do Movimento de Educação Popular, os alunos formados nos círculos culturais são mais exigentes em relação aos líderes populistas, enxergando de modo mais claro a diferença entre as promessas que se fazem às massas e a concreta realização delas.

Os políticos populistas não compreenderam as relações entre alfabetização e "conscientização". Interessados em um único resultado — o aumento dos eleitores —, eles sempre deram apenas um apoio muito precário, do ponto de vista político, a essa forma de mobilização. Na realidade, refletiram de maneira muito simplista diante desse problema. Se um educador de renome oferece a possibilidade de alfabetizar em muito pouco tempo a totalidade do povo brasileiro, um ideal que todos os governos nutriram por muitas décadas, por que não lhe dar o apoio do Estado? Também não compreenderam a agitação criada em torno da pedagogia de Paulo Freire pelos grupos de direita. Os políticos consideraram o movimento de educação popular como todas as outras formas de mobilização das massas, em função de suas preocupações eleitorais, e propuseram uma revolução verbal e abstrata onde teria sido melhor dar continuidade à reforma prática em curso.

O educador, preocupado com o problema do analfabetismo, sempre se dirigiu às massas consideradas "fora da história"; a serviço da liberdade, sempre se dirigiu às massas mais oprimidas, confiando em sua liberdade, em seu poder de criação e de crítica. Os políticos, por sua vez, só se interessam por essas massas à medida que forem passíveis de manipulação no jogo eleitoral.

Ainda que seja impossível aceitar a visão ingênua da educação como "o fermento da revolução", convém considerar a eventualidade de uma educação que preceda uma política popular verdadeira, sugerindo-lhe novos horizontes.[1]

No Chile

O método de Paulo Freire é utilizado em todos os programas governamentais de alfabetização do Chile. É interessante apresentar o exemplo do Chile, pois, se a tendência atual se mantiver, o país reduzirá a taxa de analfabetismo a 5% em seis anos.

Antes de 1964, a alfabetização representava um esforço localizado e essencialmente privado. O governo democrata-

---

1. Francisco C. Weffort, "Introduction", em *L'Éducation, Praxis de la liberte*, Archives Internationales de Sociologie et de la Coopération, jan.-jun. 1968.

-cristão, eleito naquele ano, queria enfrentar o problema de modo a integrá-lo em seu programa de "promoção". Como o presidente Frei salientou recentemente, em seu discurso sobre o estado da nação, sua administração deseja "aumentar a participação popular no desenvolvimento de nossa comunidade. Não somente nas políticas dos partidos [...], mas sobretudo nas expressões reais de nossa vida atual: o trabalho, a vida local e regional, as necessidades da família, a cultura de base e a organização econômico-social".

Um Escritório de Planejamento para a Educação de Adultos foi criado no decorrer do ano de 1965. Seu principal representante era Waldoms Cortès, jovem militante democrata-cristão, que trabalhou na educação de adultos por alguns anos e dirigia uma escola noturna em Santiago. Assim como Paulo Freire antes dele, Cortès pensava que os métodos e o material existente deveriam ser revisados, pois costumava-se transmitir aos adultos os métodos aplicados às crianças. "Por acaso", alguém lhe falou de um brasileiro de sobrenome Freire, que estava no Chile e "tinha algumas ideias sobre a educação de adultos". Embora Cortès jamais tivesse ouvido falar das experiências brasileiras de alfabetização, descobriu que Paulo Freire havia posto em prática tudo o que ele pressentia a esse respeito.

O problema seria então tornar aceitável no Chile um método considerado subversivo no Brasil. Alguns membros do Partido Democrata-Cristão pensavam que o método fosse "radical", e mesmo "comunista". Outros queriam utilizar os programas de alfabetização para servir aos interesses do

Partido. Entretanto, Cortès conseguiu que seu programa fosse aceito e, tendo recebido críticas por seu espírito partidário, designou para integrar sua equipe técnica especialistas representando diferentes posições políticas.

O Escritório de Planejamento para a Educação de Adultos desempenha o papel de coordenar os programas postos em prática por outras instâncias. No Chile, grande número de instituições, sobretudo públicas, mas também privadas, fazem da "promoção" seu objetivo principal: assim as que se dedicam à reforma agrária, a Corporação da Reforma Agrária — CORA e o Instituto de Desenvolvimento para a Agricultura e a Pecuária — INDAP. A CORA faz expropriações e constitui comunidades agrícolas (assentamentos) com vistas a permitir a posse individual, ao passo que o INDAP oferece um auxílio técnico e monetário aos pequenos proprietários de terra. Pelo fato de o analfabetismo se encontrar principalmente nas zonas rurais, essas instâncias são os meios naturais para as pessoas se organizarem em grupo. Além disso, a reforma agrária chilena não busca apenas aumentar a produção, mas também "promover" maior eficácia e melhor integração, na sociedade, dos grupos sociais menos favorecidos. Entre as outras instâncias em contato estreito com os analfabetos, encontra-se o Serviço de Saúde Nacional, que combina alfabetização e ação sanitária, o Serviço de Prisões e a Seção de Promoção Popular, que promovem a formação de organizações comunitárias. De acordo com a concepção social ou "a ideologia" da Democracia Cristã, essas instituições não têm apenas uma finalidade técnica, mas também a de reduzir o

CONSCIENTIZAÇÃO

abismo que separa aqueles que participam efetivamente da vida social e aqueles que não têm acesso a ela. O Escritório de Planejamento para a Educação de Adultos assinou recentemente, com algumas Igrejas protestantes — que, em certas comunidades isoladas, são as únicas instituições disponíveis —, acordos que favoreçam a alfabetização.

O Escritório de Planejamento para a Educação de Adultos desenvolve o material pedagógico e dá formação aos coordenadores que trabalham no programa das outras instâncias, que assinam um acordo com o Escritório de Planejamento e depositam uma soma de dinheiro que é utilizada para pagar os coordenadores. No início, o programa dependia parcialmente de voluntários, mas para garantir a estabilidade, a qualidade e a consciência profissionais, o trabalho remunerado se tornou a regra. Os coordenadores, que geralmente são professores da escola primária, são selecionados na comunidade local, após recomendação da agência interessada. O Escritório de Planejamento os forma no diálogo e no método de Paulo Freire num curso que dura aproximadamente 30 horas.

Em dois anos, o programa chileno atraiu a atenção internacional e o Chile recebeu da UNESCO uma distinção, sendo designado como uma das cinco nações a melhor superar o problema do analfabetismo. Em 1968, o Escritório de Planejamento estima que terá aproximadamente 100.000 alunos e 2.000 coordenadores. Entretanto, a continuidade do programa encontra-se ameaçada pelo fato de ter um estatuto provisório, ligado ao governo atual. Cortez gostaria de ter um escritório permanente para a educação de adultos, que sobreviveria a qualquer mudança política.

O Escritório de Planejamento para a Educação de Adultos, como o próprio nome diz, não se dedica apenas à alfabetização, mas também a um conjunto de programas que têm como objetivo possibilitar àqueles que não tiveram acesso à educação superar essa carência. Recentemente, o Escritório de Planejamento estimulou aqueles que foram alfabetizados graças ao método de Paulo Freire a continuar seus estudos num âmbito superior.[2]

---

2. Thomas R. Sanders, *The Paulo Freire method. Literacy Training and Conscientization*, junho de 1968.

SEGUNDA PARTE

Alfabetização/ Conscientização

FILOSOFIA E PROBLEMÁTICA

Visão de mundo

"Costuma-se pensar que sou o autor deste estranho vocábulo, 'conscientização', por ele ser o conceito central de minhas ideias sobre a educação." Na realidade, ele foi criado por uma equipe de professores do Instituto Superior de Estudos Brasileiros, em 1964, aproximadamente. É possível citar entre eles o filósofo Álvaro Pinto e o professor Guerreiro. Quando ouvi pela primeira vez o termo conscientização, percebi imediatamente a profundidade de seu significado, pois estava absolutamente convencido de que a educação, como prática da liberdade, é um ato de conhecimento, uma abordagem crítica da realidade.

A partir daí essa palavra passou a constituir meu vocabulário. Mas foi Helder Câmara quem se incumbiu de difundi-la e traduzi-la em inglês e francês.

Uma das características do homem é ser o único a ser homem. Só ele é capaz de se distanciar do mundo. Somente o homem pode ficar longe do objeto para admirá-lo. Ao objetivar ou admirar — entenda-se admirar no sentido filosófico —, os homens são capazes de atuar conscientemente sobre a realidade objetivada. É exatamente isso a "práxis humana", a unidade indissolúvel entre minha ação e minha reflexão sobre o mundo.

Num primeiro momento, a realidade não se apresenta aos homens como objeto que a consciência crítica deles pode conhecer. Em outros termos, na aproximação espontânea do homem em relação ao mundo, a posição normal fundamental não é uma posição crítica, mas uma posição ingênua. Nesse âmbito da espontaneidade, o homem, ao aproximar-se da realidade, faz simplesmente a experiência da realidade na qual se encontra, e que ele investiga.

Essa tomada de consciência ainda não é a conscientização — esta constitui o desenvolvimento crítico daquela. Logo, a conscientização implica que se passe da esfera espontânea de apreensão da realidade para uma esfera crítica, na qual a realidade se oferece como objeto cognoscível e na qual o homem assume um posicionamento epistemológico.

Assim, a conscientização é o teste da realidade. Quanto mais nos conscientizamos, mais "desvelamos" a realidade, e mais aprofundamos a essência fenomênica do objeto diante do qual nos encontramos, com o intuito de analisá-lo. Por essa razão, a conscientização não consiste num "estar diante da realidade" assumindo uma posição falsamente intelectual. Ela não pode existir fora da práxis, ou seja, fora do ato "ação-reflexão". Essa unidade dialética constitui, de maneira permanente, o modo de ser, ou de transformar o mundo, e que é próprio dos homens.

Por essa razão mesma, a conscientização é engajamento histórico. Ela é igualmente consciência histórica: por ser inserção crítica na história, ela implica que os homens assumam o papel de sujeitos que fazem e refazem o mundo. Ela exige que os homens criem a própria existência com o material que a vida lhes oferece...[1]

A "conscientização" não tem como base uma consciência, de um lado, e um mundo, de outro; aliás, ela não busca tal separação. Pelo contrário, está baseada na relação consciência-mundo.

Tomando tal relação como objeto de sua reflexão crítica, os homens lançarão luz sobre aquelas dimensões obscuras que resultam de sua aproximação do mundo. A criação da nova realidade, tal qual indicada na crítica precedente, não pode esgotar o processo de conscientização. A nova realidade deve ser tomada como objeto de uma nova reflexão crítica. Considerar a nova realidade como alguma coisa na qual não seja possível tocar representa uma atitude tão ingênua e reacionária quanto afirmar que a antiga realidade é intocável.

A conscientização enquanto atitude crítica dos homens na história jamais acabará. Se os homens, enquanto seres de ação, continuassem a "aderir" ao mundo "sobre o qual se agiu", ficariam submersos numa "obscuridade" nova.

---

1. Seminário de Paulo Freire sobre "A conscientização e a alfabetização de adultos", Roma, 17 a 19 de abril de 1970.

A conscientização, que se apresenta como um processo que se dá num momento determinado, deve continuar, enquanto processo, no momento seguinte, durante o qual a realidade transformada revela um novo perfil.

Dessa maneira, o processo de "alfabetização" política — tanto quanto o processo linguístico — pode ser uma prática para a "domesticação" dos homens para sua libertação. No primeiro caso, a prática de conscientização não é de modo algum possível, enquanto no segundo, o processo é em si mesmo conscientização. Daí uma ação desumanizante, de um lado, e um esforço de humanização, de outro.[2]

A conscientização nos convida a assumir uma posição utópica perante o mundo; posição essa que transforma o conscientizado em "fator utópico".

Para mim, a utopia não consiste no irrealizável, nem é idealismo, mas, sim, a dialetização dos atos de denunciar e anunciar, os atos de denunciar a estrutura desumanizante e de anunciar a estrutura humanizante. Por essa razão, a utopia também é engajamento histórico.

A utopia exige o conhecimento crítico. É um ato de conhecimento. Não posso denunciar a estrutura desumanizante se não a perscruto para conhecê-la. Não posso anunciar se não conheço. No entanto, entre o momento do anúncio e a realização dele, há algo que precisa ser posto em evidência: o anúncio não é o anúncio de um projeto, mas, sim, de um anteprojeto, pois é na práxis histórica que o

---

2. *The Political Literacy Process*, Genebra, outubro de 1970.

CONSCIENTIZAÇÃO

anteprojeto se faz projeto. É ao agir que posso transformar meu anteprojeto em projeto; em minha biblioteca tenho um anteprojeto que se torna projeto mediante a práxis, e não por meio do blá-blá-blá.

Além disso, entre o anteprojeto e o momento da realização ou da concretização do projeto, há este tempo que se chama tempo histórico; é exatamente a história que devemos criar com nossas mãos e que devemos fazer: é o tempo das transformações que devemos realizar; é o tempo do meu engajamento histórico.

Por essa razão, só os utopistas — que foi Marx senão um utopista? Que foi Guevara senão um utopista? — podem ser proféticos e portadores de esperança.

Só os que anunciam e denunciam podem ser proféticos, estando permanentemente engajados num processo radical de transformação do mundo para que os homens possam ser mais. Os homens reacionários, os homens opressores, não podem ser utopistas. Não podem ser proféticos; e, por não poderem ser proféticos, não podem ter esperança.

A conscientização está evidentemente ligada à utopia, de modo que implica a utopia. Quanto mais conscientizados somos, sobretudo pelo engajamento de transformações que assumimos, mais anunciadores e denunciadores nos tornamos. Mas essa posição deve ser permanente: a partir do momento em que denunciamos uma estrutura desumanizadora, sem nos engajar na realidade, a partir do momento em que alcançamos a conscientização do projeto, acabamos por nos burocratizar se deixamos de ser utopistas. É esse o perigo das revoluções, quando cessam de ser permanentes. Uma das respostas geniais é da renovação cultural: esta dialetização que não é — propriamente falando — de ontem, nem de hoje ou de amanhã, mas uma tarefa permanente de transformação.

A conscientização é isto: apossar-se da realidade; por essa razão e por causa do enraizamento utópico que a informa, é um rompimento da realidade. A conscientização produz a desmitificação. É evidente e impressionante, mas os opressores jamais poderão provocar a conscientização para a libertação: *como desmitificar se eu oprimo*? Ao contrário, pelo fato de que sou opressor, tenho a tendência de mistificar a realidade que se dá à apreensão dos oprimidos, para os quais então essa apreensão se dá de maneira mítica, e não crítica. O trabalho humanizador não poderá ser outro que não o de desmistificação. Por isso mesmo, a conscientização é a abordagem da realidade mais crítica possível, desvelando-a para conhecê-la, e para conhecer os mitos que enganam e ajudam a manter a realidade da estrutura dominante.[3]

Confrontados com um "universo de temas"[4] em contradição dialética, os homens assumem posições contraditórias: uns trabalham para manter as estruturas; outros, para que elas mudem. À medida que cresce o antagonismo entre os temas que são a expressão da realidade, os temas da realidade

---

3. Seminário de Paulo Freire sobre "A conscientização e a alfabetização de adultos", Roma, 17 a 19 de abril de 1970.

4. Segundo Paulo Freire, o conjunto dos temas em interação numa época determinada constitui seu universo temático.

propriamente dita tendem a ser mitificados, enquanto se estabelece um clima de irracionalidade e de sectarismo. Esse clima ameaça desprover os temas de seu significado profundo e privá-los do aspecto dinâmico que os caracteriza. Em tal situação, a própria irracionalidade criadora de mitos se torna um tema fundamental. O tema a ela oposto, qual seja, a visão crítica e dinâmica do mundo, permite que se desvele a realidade, que se desmascare sua mitificação e que se atinja a plena realização do trabalho humano: a transformação permanente da realidade com vistas à libertação dos homens.

Em última análise, os temas são conteúdos e continentes de situações-limite; as tarefas por eles implicadas exigem ações-limite. Quando os temas são escondidos pelas situações-limite, de modo que não são claramente percebidos, as tarefas correspondentes — ou seja, as respostas dos homens mediante uma ação histórica — não podem ser realizadas de modo autêntico, nem de modo crítico. Em tal situação, os homens são incapazes de ultrapassar as situações-limite para descobrir que, adiante delas — e em contradição com elas —, encontra-se um possível não experimentado.

Em suma, as situações-limite implicam a existência de pessoas que são servidas direta ou indiretamente pelas mesmas situações, e outras para quem elas têm um caráter negativo e subjugador. Quando estas últimas identificam tais situações como a fronteira entre ser e ser mais humano, mais do que como a fronteira entre ser e não ser, começam a agir de maneira cada vez mais crítica, para alcançar o "possível não experimentado" contido nessa percepção. Por outro lado, aquele que são servidos pela situação-limite atual olham para o possível não experimentado como uma situação ameaçadora, cuja realização deve ser impedida, e atuam para manter o *status quo*. Consequentemente, as ações libertadoras, num contexto histórico determinado, devem corresponder não apenas aos temas geradores, mas também à maneira pela qual esses temas são percebidos. Tal exigência implica outra: a pesquisa de temáticas significativas.

Os temas geradores podem se situar em círculos concêntricos, que vão do geral ao particular. A unidade histórica mais ampla compreende um conjunto diversificado de unidades e subunidades (continentais, regionais, nacionais etc.), de modo que comporta temas de caráter universal. Considero que o tema da dominação é o tema fundamental de nossa época e pressupõe seu oposto, qual seja, o tema da libertação, como objetivo a ser alcançado.

É esse tema preocupante que dá a nossa época o caráter antropológico que já mencionei. Para realizar a humanização que pressupõe a eliminação da opressão desumanizadora é absolutamente necessário ultrapassar as situações-limite, nas quais os homens são reduzidos ao estado de coisas.

Entretanto, quando os homens percebem a realidade como densa, impenetrável e envolvente, é indispensável realizar essa pesquisa por meio da abstração. Esse método não implica que se reduza o concreto ao abstrato (o que significaria que o método não é de caráter dialético), mas, ao contrário, que se mantenham os dois elementos como contrários em inter-relação dialética no ato reflexivo.

Um excelente exemplo desse movimento do pensamento dialético pode ser encontrado na análise de uma situação concreta, existencial, "codificada". A "decodificação" dela exige que se vá do abstrato ao concreto, ou seja, da parte para o todo, para voltar novamente às partes; isso implica então que o sujeito se reconheça no objeto — a situação concreta existencial codificada — e reconheça o objeto como uma situação na qual ele se encontra com outros sujeitos. Se a decodificação for bem-sucedida, esse movimento de fluxo e refluxo do abstrato ao concreto, que se produz na análise de uma situação codificada, leva à substituição da abstração pela percepção crítica do concreto, que então deixou de ser uma realidade densa, impenetrável.

Entretanto, porquanto o código é a representação de uma situação existencial, aquele que o decodifica tende a fazer o percurso da representação à situação bem concreta na qual e com a qual trabalha. Assim, é possível explicar por meio de conceitos por que os indivíduos começam a se comportar de modo diferente em relação à realidade objetiva, depois que essa realidade deixou de se apresentar como um impasse e manifestou seu verdadeiro aspecto: um desafio ao qual os homens precisam responder.[5]

Em nosso método, a codificação assume, no início, a forma de uma fotografia ou desenho que representa uma situação existencial real ou uma situação existencial construída pelos alunos. Quando se projeta essa representação, os alunos efetuam uma operação que se encontra na base do ato de

---

5. *Pedagogia do oprimido*, capítulo III.

conhecimento: tomam distância do objeto cognoscível. Os educadores também fazem a experiência do distanciamento, de modo que tanto educadores quanto alunos podem refletir juntos, de maneira crítica, sobre o objeto cognoscível que os intermedeia. A finalidade da decodificação é atingir um nível crítico de conhecimento, começando pela experiência que o aluno tem da situação em seu "contexto real".

Enquanto a representação codificada é o objeto cognoscível que intermedeia sujeitos cognoscentes, a decodificação — decompor a codificação em seus elementos constitutivos — é a operação pela qual os sujeitos cognoscentes percebem as relações entre os elementos da codificação e outros fatos apresentados pela situação real, relações essas que antes não eram percebidas.

A codificação representa uma dimensão determinada da realidade, tal qual vivida pelos indivíduos, e essa dimensão é proposta à análise deles num contexto diferente daquele no qual eles a vivem. Assim, a codificação transforma o que era uma maneira de viver no contexto real em um "objectum", no contexto teórico. Os alunos, em vez de receber uma informação acerca disto ou daquilo, analisam aspectos de sua própria experiência existencial representada na codificação.[6]

Em todas as fases da decodificação, os homens revelam sua visão de mundo. Conforme pensam o mundo e o abordam — de maneira fatalista, estática ou dinâmica —, é possível

---

6. Paulo Freire, "Cultural action for freedom", em *Harvard Education Review*, Cambridge, Massachusetts, 1970.

encontrar seus temas geradores. Um grupo que não expressa concretamente temas geradores — o que pareceria significar que não tem temas — sugere, ao contrário, um tema trágico: o tema do silêncio. Este, por sua vez, sugere uma estrutura de mutismo em face da força destruidora das situações-limite.

Pesquisar o tema gerador é pesquisar o pensamento do homem sobre a realidade e sua ação sobre essa realidade que está em sua práxis. Quanto mais os homens se posicionam com atitude ativa na exploração de suas temáticas, mais profunda se torna sua consciência crítica da realidade e, ao enunciar essas temáticas, mais se apoderam dessa realidade.

Devemos nos convencer de que as aspirações, os motivos e os objetivos que estão contidos nas temáticas significativas são aspirações, motivos e objetivos humanos. Não existem em algum lugar "fora", como se fossem entes estáticos, mas são históricos, como os próprios homens; por conseguinte, não podem ser apreendidos fora dos homens. Apreender esses temas e compreendê-los é compreender, ao mesmo tempo, os homens, que os encarnam, bem como a realidade à qual se referem.

Mas, exatamente por não ser possível compreender esses temas fora dos homens, é necessário que os homens, neles concernidos, também os compreendam. A pesquisa temática se torna, assim, uma luta comum, para uma consciência da realidade e uma consciência de si que fazem dessa pesquisa o ponto de partida do processo de educação e da ação cultural de caráter libertador.

O perigo real de tal pesquisa não é que os objetos pressupostos dela, ao se descobrirem copesquisadores, falsifiquem os resultados analíticos, mas está, ao contrário, no risco de desviar o eixo da pesquisa dos temas significativos para os próprios homens, considerando assim os homens objetos da pesquisa.

Para ser mais exato: a pesquisa das temáticas implica a pesquisa do pensamento dos homens, pensamento que se encontra somente junto aos homens que investigam juntos essa realidade. Não quero pensar pelos outros ou sem os outros, e outros também não podem pensar pelos homens. Como "seres em situação", os homens se encontram enraizados em condições de tempo e espaço que os marcam e são igualmente marcadas por eles.

Eles refletirão sobre a própria "situacionalidade" à medida que ela os desafiar a tomar uma atitude em relação a ela. Os homens *são*, porque estão numa situação. Quanto mais refletirem de maneira crítica sobre a própria existência, mais agirão sobre ela, mais serão.

A educação e a pesquisa temática numa concepção crítica da educação são apenas diferentes momentos do mesmo processo.[7]

Ideias-força

1 — Para ser válida, toda educação deve necessariamente ser precedida por uma reflexão sobre o homem e uma

---

7. *Pedagogia do oprimido*, capítulo III.

análise do contexto de vida concreto do homem concreto que se quer educar (ou, para dizer de modo mais apropriado: que se quer ajudar a se educar).

Na ausência de tal reflexão sobre o homem, corre-se o grande risco de adotar métodos educacionais e procedimentos que reduziriam o homem à condição de objeto.

Ora, a vocação do homem é ser sujeito, não objeto. Na falta de uma análise do contexto cultural, corre-se o risco de realizar uma educação engessada, sobrecarregada — por conseguinte, inoperante... que não está adaptada ao homem concreto, ao qual se destina.

Ora, o que há são apenas homens concretos ("não há homens no vácuo"). Cada homem está situado, datado, no sentido de que vive numa época determinada, num lugar determinado, num contexto social e cultural preciso: "o homem é um ser com raízes tempo-espaciais".

Para ser válida, a educação precisa levar em conta, ao mesmo tempo, a vocação ontológica do homem — vocação a ser sujeito — e as condições em que ele vive: em determinado local, em determinado momento, em determinado contexto.

Em palavras mais exatas, para ser um instrumento válido, a educação precisa ajudar o homem, a partir de tudo o que constitui sua vida, a se tornar sujeito. É o que manifestam frases como as seguintes: "A educação só é um instrumento válido se estabelece uma relação dialética com o contexto social em que o homem está enraizado".

"A instrumentalidade da educação" — e Paulo Freire explica que sua intenção é, por meio dessas palavras, denotar "algo maior que a simples preparação dos quadros técnicos em função da vocação de desenvolvimento de uma região" — depende da harmonia obtida entre a vocação ontológica deste ser "situado" e "datado", que é o homem, e as condições particulares dessa "situalização" e dessa "datação".

Todas as concepções de Paulo Freire sobre educação e toda a sua ação educacional — tal qual pôde ser observada no Nordeste do Brasil — são orientadas por essa convicção, por essa ideia-força.

2 — É mediante reflexão sobre sua situação, sobre seu ambiente concreto, que o homem se torna sujeito. Quanto mais refletir sobre a realidade, sobre sua situação concreta, mais ele "emergirá", plenamente consciente, engajado, pronto a intervir sobre e na realidade, a fim de mudá-la. Uma educação assim — cuja finalidade seja desenvolver a tomada de consciência e a atitude crítica em virtude da qual o homem escolhe e decide — liberta o homem, em vez de subjugá-lo, domesticá-lo, colocá-lo de acordo, como faz amiúde a educação que vigora em grande número de nações do mundo, visando a ajustar o indivíduo à sociedade, bem mais do que a promovê-lo em sua própria trajetória.

Deparamos aqui com uma ideia que não é nova. Já no início do século, um amigo de Péguy, dirigindo-se a educadores, escreveu:

> Dar consciência aos camponeses de sua situação, a fim de que eles mesmos se esforcem para mudá-la, não consiste em lhes falar da

agricultura em geral, em recomendar o uso de fertilizantes químicos, máquinas agrícolas e a formação de sindicatos. Mas consiste, ao contrário, em fazê-los compreender o mecanismo da produção agrícola ao qual eles se submetem por simples tradição, em fazê-los examinar e criticar todos os atos diários que realizam por força do hábito. O que um homem talvez tenha mais dificuldade para conhecer de modo inteligente é sua própria vida, pelo fato de ser tão marcada pela tradição e a rotina, por atos inconscientes. Para vencer a tradição e a rotina, a melhor atitude prática não é difundir ideias e conhecimentos externos e longínquos, mas fazer a tradição raciocinar por meio dos que a ela se conformam e a rotina, por aqueles que a seguem.

Por caminhos diferentes e mais fecundos — mais fecundos porque integram uma preocupação de promoção global da pessoa —, Paulo Freire encontra esse ensinamento de Ch. Guyesse, do qual se falou muito pouco até aqui.

"Se — ele escreve — a vocação ontológica do homem é ser sujeito, não objeto, ela só pode se realizar à medida que [...] refletindo sobre as condições espaço-temporais, mergulhamos nelas e as analisamos com espírito crítico."

3 — É à medida que o homem, integrado em seu contexto, reflete sobre esse contexto e se engaja, que ele mesmo se constrói e se torna sujeito. Essa ideia-força pode ser decomposta em duas afirmações:

a) O homem, pelo fato de ser homem, é capaz de reconhecer que existem realidades que lhe são exteriores. Sua reflexão sobre a realidade o faz descobrir que ele não apenas está na realidade, mas com ela. Ele descobre que, além dele próprio, existem os outros seres, e mesmo "órbitas" existenciais diferentes: um mundo de coisas inanimadas, um mundo vegetal, um mundo animal, outros homens... Essa capacidade de discernir o que é próprio ao homem lhe permite inclusive descobrir a existência de um Deus, e de estabelecer com ele uma relação. O homem, por ser homem, também é capaz de reconhecer-se vivendo não num eterno presente, mas num tempo constituído por ontem, hoje e amanhã. Essa tomada de consciência de sua temporalidade (que lhe vem de sua capacidade de discernir) lhe permite tomar consciência de sua historicidade, o que não pode ser feito por nenhum animal, porquanto não possui a mesma capacidade de discernimento.

Enfim, o homem, pelo fato de ser homem — logo, capaz de discernir —, pode entrar em relação com os outros seres. Isso também é específico dele. O animal pode unicamente estar "em contato" com a realidade. O homem, particularmente, "estabelece relações" com a realidade (as relações implicam — ao contrário do contato — o exercício de uma inteligência, de um espírito crítico, de um saber-fazer... Enfim, de todo um comportamento que não é apenas reflexo e que se encontra somente no homem, ser livre e inteligente).

b) É por meio de suas relações que o homem se torna sujeito. Exercendo sua capacidade de discernir, ele se descobre em face desta realidade que não lhe é apenas exterior (aliás, ele só pode estar em relação com algo ou alguém que lhe é exterior, não consigo mesmo), mas que também o desafia, o enfrenta, o provoca. As relações do homem com a realidade, com seu contexto de vida — quer se trate da realidade social, quer do mundo das coisas da natureza — são relações de enfrentamento: a natureza se opõe ao homem; ele se opõe continuamente a ela; as relações do homem com os outros homens, com as estruturas sociais, são também relações de enfrentamento, na medida em que o homem é constantemente tentado, nas relações humanas, a reduzir os outros homens à categoria de objetos, de coisas que se utilizam para benefício próprio. Assim, toda relação do homem com a realidade é um desafio ao qual se deve responder de maneira original: não existe modelo-padrão de resposta, mas tanto respostas diferentes quanto desafios diferentes, e mesmo inúmeras respostas diferentes possíveis a um mesmo desafio; por exemplo, diante do desafio permanente que a vegetação parasita representa ao agricultor, este pode responder de variadas maneiras: arar a terra no inverno, capinar, fazer uso de herbicidas, práticas mágicas, resignar-se etc. Diante do desafio que constitui uma tentativa de utilização dele como um objeto, o trabalhador pode responder com resignação passiva, um trabalho malfeito, greves, a obediência ou a revolta, uma organização profissional, um diálogo com os patrões etc. Cada um desses tipos de resposta é suscetível de se traduzir em múltiplas manifestações concretas.

É importante perceber que a resposta dada pelo homem a um desafio não muda somente a realidade que se opõe a ele e à qual ele mesmo se opõe; essa resposta também muda ele próprio, um pouco mais e de maneira diferente a cada desafio. "No jogo constante de suas respostas, o homem se altera no próprio ato de responder", escreve Paulo Freire. No próprio ato de responder aos desafios que seu contexto de vida lhe apresenta, o homem se cria, se realiza como sujeito, pois essa resposta exige dele reflexão, crítica, invenção, escolha, decisão, organização, ação etc., ou seja, coisas pelas quais a pessoa se constrói, e que fazem dela um ser não mais somente "moldado" à realidade e aos outros, mas, sim, "integrado". Observemos de passagem que aqui se encontra uma ideia cara ao marxismo, o qual não a descobriu, mas teve o mérito de evocá-la de modo vigoroso: é por sua ação e em sua ação que o homem se constrói como homem.

Observemos também que a resposta aos desafios cria o homem, na medida em que o força, ou pelo menos o convida, a estabelecer relações humanas que não sejam de dominação, porém de simpatia e reciprocidade.

4 — À medida que o homem, ao integrar-se às condições de seu contexto de vida, reflete sobre elas e encontra respostas aos desafios que elas lhe apresentam, ele cria sua cultura.

A partir das relações que estabelece com seu mundo, ao criar, recriar, decidir, o homem dinamiza esse mundo, acrescentando-lhe algo do qual é o autor. Por conseguinte, ele faz sua cultura.

De fato, a cultura tem em Paulo Freire um sentido completamente diferente e muito mais rico que o sentido habitualmente aceito.

A cultura — ao contrário da natureza, que não é uma criação do homem — é a contribuição dada por ele à natureza. A cultura é tudo o que resulta da atividade humana, do esforço criador e recriador do homem, de seu trabalho para transformar e firmar relações de diálogo com os outros homens. Constitui também a aquisição sistemática da experiência humana, mas uma aquisição crítica e criadora — e não uma justaposição de informações que seriam apenas armazenadas na inteligência ou na memória, e não "incorporadas" em todo o ser e em toda a vida do homem.

Nesse sentido, pode-se dizer que o homem se cultiva e cria a cultura no ato de firmar relações, no próprio ato de responder aos desafios que a natureza lhe apresenta, como também no ato mesmo de criticar, de incorporar em seu próprio ser e de traduzir numa ação criativa o produto da experiência humana feita pelos homens que o rodeiam ou que o precederam.

5 — O homem não somente é criador de cultura por suas relações e suas respostas aos desafios que a realidade lhe apresenta, como também faz história, por meio dessas mesmas respostas e de suas relações.

"À medida que o homem cria e decide, as épocas vão se formando e se reformando", afirma Paulo Freire.

A história — história na acepção plena do termo; história de todo o povo, e não apenas dos exércitos e governos —, com efeito, nada mais é do que a série de respostas que os homens dão aos desafios com que se deparam, provenientes da natureza, dos outros homens e das estruturas sociais. Ela nada mais é do que a busca do homem — mediante a resposta a esses desafios e as relações que estabelece com os outros homens — de ser cada vez mais homem.

A história nada mais é do que uma série de épocas caracterizadas por aspirações, necessidades, valores, "temas" em busca de realização. É à medida que alcança descobrir e reconhecer, "captar" esses temas e essas aspirações, assim como as tarefas pressupostas pela realização deles, que o homem participa de sua época.

Uma época se realiza à medida que seus temas são captados e as tarefas relativas a eles, cumpridas. Ela é ultrapassada à medida que os temas e suas tarefas não correspondem mais às novas necessidades emergentes. De fato, o que caracteriza a passagem de uma época a outra é o fato de que novos valores aparecem, opondo-se aos valores de ontem.

O homem faz história à medida que, apreendendo os temas de sua época, realiza as tarefas concretas que pressupõem a realização desses temas.

Ele também faz história à medida que, na emergência de novos valores, quando novos temas se impõem, sugere uma formulação nova, uma mudança na maneira de ser e de agir, nas atitudes e comportamentos...

Deixemos claro que o homem só pode fazer a história quando capta os temas de sua época. Caso contrário, ele acaba sendo levado pela história, em vez de fazê-la.

6 — É necessário que a educação seja adaptada — em seu conteúdo, seus programas e métodos — ao objetivo que se persegue, que é permitir ao homem tornar-se sujeito, construir-se como pessoa, transformar o mundo, firmar relações de reciprocidade com os outros homens, formar sua própria cultura e fazer a história...

Se quisermos que o homem aja e seja reconhecido como sujeito,

Se quisermos que ele tenha consciência de seu poder de transformar a natureza e responder aos desafios por ela apresentados,

Se quisermos que ele estabeleça com os outros homens — e com Deus — relações de reciprocidade,

Se quisermos que ele seja, por meio de seus atos, criador de cultura,

Se quisermos realmente que ele esteja inserido no processo histórico: que ele, então, "descruzando os braços, renuncie à expectativa e exija a ingerência",

Se quisermos, em outras palavras, que ele faça história, em vez de ser levado por ela, e — sobretudo — tenha uma participação ativa e criativa nos períodos de transição (períodos particularmente importantes, pois exigem opções fundamentais, escolhas vitais para o homem),

Se for isso que queremos, é indispensável preparar o homem para tanto, mediante uma educação autêntica: uma educação que liberta, não uma educação que molda, domestica, subjuga.

Isso obriga que se revejam completamente os sistemas tradicionais de educação, seus programas e métodos. O homem só pode participar ativamente da história, da sociedade e da transformação da realidade se for ajudado a tomar consciência da realidade e de sua própria capacidade de transformá-la.

Não se pode lutar contra forças que não são compreendidas, cuja importância não é medida, cujas formas e contornos não são discernidos; quando recebidas passivamente, busca-se conciliá-las por meio de práticas feitas de submissão, mais que de luta. Pode-se dizer isso em relação às forças da natureza: seca, inundação, pragas em plantações ou doenças do rebanho, o curso das estações. Mas também em relação às forças sociais: o "grande proprietário", os "trustes", os "técnicos", o "Estado", o "fisco" etc. Tudo isso constitui os "eles", dos quais se tem apenas uma ideia vaga... E sobretudo a ideia de que são onipotentes, intransformáveis por uma ação do homem do povo.

A realidade só pode ser modificada se o homem descobrir que pode sim, e pode sê-lo por ele. Portanto, é preciso fazer dessa conscientização o objetivo fundamental da educação; é preciso, em primeiro lugar, provocar uma atitude crítica, de reflexão, que leve à ação.[8]

---

8. *IDOC International*, Paris, Seuil, n. 29, 15 ago./1º set. 1970.

PROCEDIMENTO METODOLÓGICO

Método

Rejeitando os métodos de alfabetização puramente mecânicos, pretendemos realizar uma alfabetização direta, realmente ligada à democratização da cultura e que sirva a ela de introdução, ou seja, uma experiência capaz de tornar compatíveis a existência de um trabalhador e o material que a ele se ofereça para seu aprendizado. Na verdade, só uma paciência imensa permite tolerar, após as dificuldades de uma jornada de trabalho, as lições que evocam: a "asa", "Pedro viu a asa", "asa é da ave"; lições que falam de "Eva e uvas" a homens que muitas vezes conhecem poucas Evas e jamais comerão uvas: "Eva viu a uva". Pensamos numa alfabetização que seja em si mesma um ato de criação, capaz de perpetuar outros atos criativos; uma alfabetização na qual o homem, por não ser nem paciente, nem objeto, desenvolve a impaciência e a vivacidade de invenção e de reinvenção, reações características dos estados de pesquisa.

Procurávamos um método que fosse instrumento do aluno, não exclusivamente do educador, e que identificasse — como observou com propriedade um jovem sociólogo brasileiro — o conteúdo da aprendizagem com o próprio processo de aprendizagem.

Daí nossa descrença inicial em relação aos abecedários que pretendem oferecer a disposição dos sinais gráficos, reduzindo ainda mais o analfabeto à condição de objeto — e não de sujeito — de sua alfabetização. Por outro lado, tínhamos de pensar em reduzir o número de palavras, ditas geradoras, fundamentais no aprendizado de uma língua silábica como a nossa. Não precisamos de quarenta, cinquenta, oitenta palavras geradoras para possibilitar a compreensão das sílabas de base da língua portuguesa. Seria perda de tempo. Quinze ou dezoito nos pareceram suficientes para o processo de alfabetização pela conscientização.

As fases de elaboração e de utilização prática do método

Primeira fase: "o levantamento do universo vocabular" dos grupos com os quais se trabalhará se realiza por ocasião de encontros informais com os habitantes do setor ao qual se terá acesso. Não se retêm apenas as palavras mais plenas de sentido existencial — e, por conseguinte, de maior conteúdo emotivo —, como também as expressões típicas do povo: expressões particulares, palavras ligadas à experiência dos grupos, sobretudo à experiência profissional.

CONSCIENTIZAÇÃO

Essa fase dá resultados muito profícuos para a equipe de educadores, não somente por causa das relações que se estabelecem, mas também em razão da riqueza, por vezes inesperada, da linguagem popular. As entrevistas revelam ansiedade, frustração, desconfiança, bem como esperança, entusiasmo e participação.

Nos levantamentos de vocabulário que se encontram nos arquivos do Serviço de Extensão Cultural da Universidade de Pernambuco, relativos a setores rurais e urbanos do Nordeste e do Sul do país, exemplos como os seguintes não são raros:

"Janeiro em Angicos — disse um sertanejo do Rio Grande do Norte — é muito duro de se viver, porque janeiro é cabra danado que gosta de judiar de nós."

"Eu quero aprender a ler e a escrever — disse um analfabeto de Recife — para deixar de ser a sombra dos outros."

E um homem de Florianópolis, ao descobrir o processo de conscientização[1] do povo, característico da transição brasileira, concluiu: "o povo tem uma resposta". Outro, num tom de pesar: "Não sofro por ser pobre, mas por não saber ler". "Tenho o mundo como escola", disse um analfabeto de um estado do Sul do país, levando o professor Jomard de Brito a questionar num de seus ensaios: "Que se poderia oferecer a um homem adulto que afirma ter o mundo como escola?".

---

1. No original, "émergence", que também pode significar "fato ou ação de vir à consciência" (cf. <http://www.cnrtl.fr/definition/emergence>). (N. do T.)

"Quero aprender a ler e escrever para mudar o mundo", afirmou um analfabeto, que tem razão em considerar que conhecer é agir sobre a realidade conhecida.

"O povo colocou um parafuso na cabeça", disse outro, numa linguagem um pouco esotérica. E quando lhe foi perguntado de que parafuso se tratava, ele respondeu, revelando mais uma vez a conscientização popular na transição brasileira: "é o que explica que você, um letrado, fale comigo, um homem do povo".

Incontáveis afirmações desse tipo exigiam ser interpretadas por especialistas da linguagem que fornecessem um instrumento eficaz para a ação do educador. Vários desses "textos" de autores analfabetos se tornaram objeto da análise do professor Luiz Costa Lima, que ocupava uma cátedra de Teologia.

As palavras "geradoras" deviam nascer desses levantamentos, e não de uma seleção realizada em nosso gabinete de trabalho, por melhor que ela fosse, do ponto de vista técnico.

Segunda fase: "a escolha das palavras no universo vocabular" levantado constitui a segunda fase. Essa seleção deve passar pelos seguintes critérios:

a) o da riqueza silábica;

b) o das dificuldades fonéticas: as palavras escolhidas precisam responder às dificuldades fonéticas da língua e ser colocadas numa ordem de dificuldade crescente;

c) o do teor pragmático da palavra, que implica uma pluralidade maior de inserções dela numa realidade determinada, social, cultural, política...

Hoje, afirma o professor Jarbas Maciel, vemos que esses critérios estão contidos no critério semiológico: a melhor palavra geradora é a que reúne em si o maior percentual possível de critérios sintáticos (possibilidade ou riqueza fonética, grau de complexidade fonética, de possibilidade de manipulação dos conjuntos de signos, de sílabas etc.), de semântica (maior ou menor intensidade da ligação entre a palavra e o ser por ela designado), maior ou menor teor de conscientização que a palavra carrega em potência, ou o conjunto de reações socioculturais que a palavra gera na pessoa ou no grupo que a utiliza.

Terceira fase: a fase da criação de situações existenciais típicas do grupo com o qual se vai trabalhar. Essas situações desempenham o papel de "desafios" que se apresentam aos grupos. São situações-problema, codificadas, portadoras de elementos que serão decodificados pelos grupos com a colaboração do coordenador. O debate acerca delas — como também em relação às situações que nos dão o conceito antropológico de cultura — conduzirá os grupos a conscientizar-se para alfabetizar-se.

São situações locais que abrem perspectivas à análise de problemas nacionais e regionais. Junto a essas perspectivas se situam as palavras geradoras, ordenadas segundo a gradação já assinalada de suas dificuldades fonéticas. Uma palavra geradora tanto pode abarcar a situação completa, quanto referir-se apenas a algum dos elementos dela.

Quarta fase: a fase da elaboração de fichas indicadoras, que ajudam os coordenadores de debate em seu trabalho.

Essas fichas não devem passar de simples ajuda para eles, e não uma prescrição rígida e imperativa.

Quinta fase: a fase da elaboração de fichas que comportem a decomposição das famílias fonéticas que correspondem às palavras geradoras.

Depois de o material ter sido elaborado, em forma de diapositivos, filmes fixos ou cartazes, e as equipes de coordenadores e supervisores constituídas, treinadas inclusive nos debates relativos às situações já elaboradas, além de receberem suas fichas indicativas, começa o trabalho efetivo de alfabetização.

Os atos concretos da alfabetização

Depois de se projetar a situação fazendo menção à primeira palavra "geradora", ou seja, depois de realizar a representação gráfica da expressão oral da percepção do objeto, abre-se o debate. Tendo o grupo, com a ajuda do colaborador, levado a cabo a análise — decodificação — da situação dada, o educador propõe uma visualização da palavra geradora, e não sua memorização. Depois de a palavra ser visualizada, o laço semântico estabelecido entre ela e o objeto ao qual ela se refere representado numa situação determinada, representa-se ao aluno, por meio de outro diapositivo, a palavra apenas, sem o objeto correspondente.

Logo em seguida, representa-se a mesma palavra decomposta em sílabas que o analfabeto, de maneira geral, identifica

CONSCIENTIZAÇÃO

como partes. Após serem reconhecidas as "partes" na etapa de análise, passa-se à visualização das famílias silábicas que constituem a palavra em estudo.

Essas famílias, estudadas isoladamente num primeiro momento, são posteriormente examinadas em conjunto, o que por fim conduz à identificação das vogais. A ficha que apresenta as famílias em conjunto foi definida pela professora Aurenice Cardoso como "ficha de descoberta", pois, ao fazer a síntese por meio dela, o homem descobre o mecanismo de formação das palavras de uma língua silábica como o português, que se baseia em combinações fonéticas.

Apropriando-se desse mecanismo de maneira crítica, e não pela memorização — o que não seria uma apropriação —, o analfabeto começa a estabelecer por si mesmo seu sistema de sinais gráficos. Logo no primeiro dia, ele começa com muita facilidade a criar palavras com as combinações fonéticas que se colocaram à sua disposição, pela decomposição de uma palavra de três sílabas.

Consideremos a palavra "tijolo" como primeira palavra geradora apresentada na "situação" de uma obra de construção. Depois de discutir a situação a partir de seus aspectos possíveis, estabelece-se a relação semântica entre a palavra e o objeto representado por ela. A palavra visualizada na situação é, imediatamente depois, representada sem o objeto: "tijolo". Em seguida: "ti-jo-lo".

A visualização das partes é seguida pelo reconhecimento das famílias fonéticas. A partir da primeira silaba "ti", o grupo é levado a reconhecer toda a família fonética resultante da combinação da consoante inicial com as outras vogais. Em seguida, descobrindo a segunda família pela visualização de "jo", o grupo chega finalmente ao conhecimento da terceira.

Quando se projeta a família fonética, o grupo reconhece somente a sílaba da palavra visualizada: (ta-te-*ti*-to-tu), (ja-je-ji-*jo*-ju) e (la-le-li-*lo*-lu).

Reconhecendo o "ti" da palavra geradora "tijolo", o grupo é levado a comparar essa sílaba com as outras, acabando por descobrir que, se elas começam da mesma maneira, não podem ser chamadas todas de "ti".

O processo é o mesmo para as sílabas "jo", "lo" e suas famílias. Depois do conhecimento de cada família fonética, exercícios de leitura ajudam a fixar as sílabas novas.

Abordamos em seguida o estágio decisivo, qual seja, da apresentação simultânea das três famílias numa ficha de descoberta:

ta - te - ti - to - tu

ja - je - ji - jo - ju

la - le - li - lo - lu

Depois de uma leitura horizontal e outra vertical, inicia-se a síntese oral. Um após outro, todos "fazem" palavras com as combinações possíveis: "luta", "lajota", "jato", "juta", "lote", "Lula", "tela" etc. Alguns, utilizando a vogal de uma das sílabas, a associam a outra e, por meio do acréscimo de uma consoante, formam uma palavra. Assim, por exemplo, pegando o "i" de "li", acrescentam "le" e "te" no final: "leite". Há outros exemplos como esse, como o do analfabeto de Brasília que comoveu a assembleia — em que também se encontrava o ministro da Educação da época, Paulo de Tarso, cujo interesse pela educação do povo levava, ao final de sua jornada de trabalho, a assistir aos debates dos Círculos Culturais — ao compor, na primeira noite em que começou sua alfabetização: "tu já lê", que significa, conforme a norma padrão, "tu já lês".

Da leitura à escrita

Depois de concluídos os exercícios orais, durante os quais se realizou não apenas o conhecimento, mas também o reconhecimento, sem o qual não há verdadeiro aprendizado, o homem passa à escrita, e isso já na primeira noite. Na noite seguinte, ele leva como "dever" de casa tantas palavras quanto pôde criar pela combinação dos fonemas comuns. Seja qual for o dia em que ele pisa pela primeira vez esse novo campo, trata-se então, para ele, da descoberta do mecanismo de combinações fonêmicas.

Na experiência realizada no estado do Rio Grande do Norte, chamavam-se "palavras de pensamento" as que possuíam algum significado e "palavras mortas" as que não tinham.

Muitos foram os que, após a assimilação do mecanismo fonético, em virtude da "ficha de descoberta", escreviam palavras a partir de fonemas complicados — "tia", "nha" — que ainda não lhes haviam sido apresentados.

Num dos Círculos Culturais da experiência de Angicos (Rio Grande do Norte), coordenado por nossa filha Madalena, no quinto dia de debate, quando ainda se retinham apenas fonemas simples, um dos participantes dirigiu-se até o quadro negro para escrever, conforme disse, uma palavra de pensamento. Ele escreveu: "O povo vai *resouver* os *poblemas* do Brasil votando *conciente*".[2]

É preciso acrescentar que, em tais casos, os textos eram discutidos pelo grupo que estudava seu significado em relação com nossa realidade. Como explicar que um homem, poucos dias antes analfabeto, escreva palavras a partir de fonemas complexos que ainda não havia estudado? É que, dominando o mecanismo das combinações fonéticas, ele tenta e consegue expressar-se graficamente tal qual fala. Isso se verificou em todas as experiências realizadas no país, estendendo-se e aprofundando-se através do Programa Nacional de Alfabetização do Ministério da Educação e Cultura, que coordenávamos na época, mas desapareceu após o golpe de Estado.

Para que a alfabetização não seja puramente mecânica, nem uma questão de memória, é absolutamente imperativo levar os adultos a primeiramente se conscientizar, para que, em seguida, eles mesmos possam alfabetizar-se. Por conseguinte, à medida que ajuda o homem a aprofundar a consciência de sua problemática e de sua condição de pessoa —

---

2. No original, trata-se "resouver", "poblemas" e "conciente" como deformações [*déformation*] das palavras correspondentes. (N. do T.)

logo, de sujeito —, esse método se tornará para ele um meio de opção. É assim que ele próprio se "politizará".

Quando um ex-analfabeto da região de Angicos, ao proferir um discurso diante do presidente João Goulart — que sempre nos apoiou com entusiasmo — e sua comitiva, afirmou ser "povo", e não mais massa, ele fez mais do que pronunciar uma frase: afirmou-se consciente de uma opção. Ele escolheu participar da decisão que só o povo possui, e renunciou à resignação emocional das massas, de modo que se politizou.

Os temas geradores submetidos à análise dos especialistas deviam ser reduzidos a unidades de aprendizagem (como tínhamos feito para o conceito de cultura e as situações em relação com as palavras geradoras). Tínhamos preparado filmes fixos a partir dessas reduções ou de textos simples que se referiam aos textos originais. Além disso, ao elaborar um catálogo de temas reduzidos e de referências bibliográficas que teríamos posto à disposição dos colegas e universidades, poderíamos ampliar o campo de ação da experiência.

Por outro lado, tínhamos começado a preparar um material que nos permitisse realizar, de maneira concreta, uma educação em que houvesse lugar para o que Aldous Huxley define como "a arte de dissociar ideias", arte essa que consiste no antídoto da força de domesticação da propaganda. Situações-desafios, abrangendo da simples propaganda comercial à propaganda ideológica, deviam ser discutidas pelos alunos, desde a fase de alfabetização.

À medida que os grupos percebiam, através da discussão, as artimanhas presentes na propaganda — tal marca de cigarros, por exemplo, consumidos por uma bela moça de biquíni, sorridente e feliz, e que, com seu sorriso, sua beleza e seu biquíni, nada tem a ver com um pacote de cigarros —, descobriam, numa primeira fase, a diferença entre educação e propaganda. Em seguida, preparavam-se para perceber e discutir as mesmas armadilhas e os mesmos engodos na propaganda ideológica ou política, por meio do uso de *slogans*. Capazes de fazer uma crítica, eles seriam armados para a "dissociação das ideias", evocada por Huxley.[3]

No Brasil, quando pensava nas possibilidades de desenvolver um método com o qual os analfabetos poderiam aprender a ler e a escrever com facilidade, achei que a melhor maneira não seria desafiar o espírito crítico, a consciência crítica do indivíduo, mas (e é muito interessante ver como mudei) tentar pôr na consciência das pessoas alguns símbolos associados a palavras. E num segundo momento, desafiá-las criticamente a redescobrir a associação entre certos símbolos e as palavras, de modo a apreender as palavras.

Lembro-me de convidar uma senhora muito gentil — uma camponesa analfabeta que trabalhava conosco como cozinheira. Num domingo eu lhe disse: "Ouça, Maria, estou procurando um novo jeito de ensinar aqueles que não sabem ler e preciso de você. Você quer me ajudar nessa busca?" Ela aceitou. Então a convidei a vir até minha biblioteca e projetei um desenho com um menino e, abaixo dele, a palavra "menino". Perguntei a ela: "Maria, o que é isso?" Ela disse:

---

3. *Educação como prática da liberdade*, capítulo 4.

"É um menino." Projetei outro desenho com o mesmo menino, mas com a palavra ortograficamente escrita sem a sílaba do meio — portanto, "meno", em vez de "menino". Perguntei-lhe novamente: "Maria, está faltando alguma coisa?" Ela me respondeu: "Ah, sim! O meio está faltando!" Sorri e lhe mostrei outro desenho, com o mesmo menino, mas ortograficamente escrito sem a última sílaba — somente "meni". Perguntei-lhe mais uma vez: "Está faltando alguma coisa?" "Sim, o final."

Conversamos por aproximadamente quinze minutos sobre as diferentes possibilidades com "menino" — "menino", "meni", "nino", "meni" etc. — e cada vez ela percebia que parte da palavra estava faltando. Por fim, ela me disse: "Estou cansada. É muito interessante, mas estou cansada." Ela era capaz de trabalhar o dia todo, mas, em contrapartida, depois de dez ou quinze minutos de um exercício intelectual, se cansava. É normal. Mas ela me perguntou: "O senhor acha que pude ajudá-lo?", ao que lhe respondi: "Sim, a senhora me ajudou muito, pois mudou minha maneira de ver." Ela disse: "Obrigada." É extraordinário o poder do amor.

Então ela deixou minha biblioteca e, cinco minutos depois, voltou com uma xícara de café. Ao ficar sozinho, repensei minha primeira hipótese em função dessa última experiência. Descobri que o necessário, desde o início, era a intencionalidade da consciência, ou seja, o poder de reflexão da consciência, a dimensão ativa dela, e não fazer como eu antes considerava correto. Creio que esse é um ótimo exemplo para mostrar que é preciso refletir sem cessar e mudar no decorrer da pesquisa em que nos engajamos. Assim, com esse exemplo muito simples de Maria, convenci-me de que precisaria proceder de outra maneira; precisaria desafiar a consciência crítica desde o princípio. Alguns dias depois dessa experiência com a Maria, comecei com um grupo de cinco adultos, mas desta vez desafiando-os de uma maneira crítica.[4]

Aplicação

A concepção de liberdade expressa por Paulo Freire é a matriz que dá sentido a uma educação que só pode ser efetiva e eficaz à medida que os alunos dela participam de maneira livre e crítica. Esse é um dos princípios essenciais na organização do círculo de cultura, unidade de ensino que substitui a escola tradicional, reunindo um coordenador e algumas dezenas de pessoas do povo num trabalho comum de conquista da linguagem. O coordenador não exerce a função de "professor", de modo que o diálogo é a condição essencial de sua tarefa: "coordenar, jamais impor nem influenciar".

O respeito pela liberdade dos alunos — que não são designados como "analfabetos", mas "homens que aprendem a ler" — existe bem antes da criação do círculo de cultura. Já no período de "levantamento do vocabulário popular", durante

---

4. *School or scandal*. RISK, World Council for Christian Education, Genebra, v. 6, n. 4, 15 nov. 1970.

a fase de preparação do curso, buscou-se, na medida do possível, a intervenção do povo na elaboração do programa e na definição das "palavras geradoras", cuja discussão permitirá que a pessoa que está aprendendo a ler tome posse de sua linguagem expressando uma situação real — uma "situação--desafio", como diz Paulo Freire. Alfabetização e "conscientização" são inseparáveis. Todo aprendizado deve ser intimamente associado à tomada de consciência de uma situação real vivida pelo aluno.

Assumir a liberdade como uma maneira de ser homem é o ponto de partida do trabalho no círculo de cultura. O aprendizado — muito rápido, já que, conforme a experiência brasileira, bastam 45 dias para alfabetizar um adulto —, só pode se tornar efetivo no contexto democrático das relações estabelecidas entre alunos e coordenadores, e entre os próprios alunos. As atitudes de liberdade e de crítica não se limitam às relações internas do grupo; elas expressam a tomada de consciência, pelo grupo, de sua situação social.

O que conta basicamente é que, na discussão, esses homens, seres individuais e concretos, reconheçam a si mesmos como criadores de cultura. Mediante essa discussão que antecede a alfabetização, abrem-se os trabalhos do círculo de cultura e se implementa a conscientização.

Seria um erro imaginar a conscientização como uma simples "preliminar" à aprendizagem. Não se trata de fazer a alfabetização suceder a conscientização, ou de apresentar uma como condição da outra. De acordo com a pedagogia de Paulo Freire, a aprendizagem já é uma maneira de tomar consciência do real, de modo que só pode se concretizar no âmbito dessa conscientização.[5]

O ponto de partida da conscientização é o homem brasileiro, o homem iletrado, o homem do povo, com seu modo de captar e de compreender a realidade, captação e compreensão principalmente mágica. Ora, "assim como a toda compreensão de algo corresponde, cedo ou tarde, uma ação, a uma compreensão antes de tudo mágica também corresponderá uma ação mágica".

A única maneira de ajudar o homem a realizar sua vocação ontológica, a inserir-se na construção da sociedade e na direção da transformação social, é substituir essa captação sobretudo mágica da realidade por uma captação cada vez mais crítica.

Como consegui-lo? Por meio da utilização de um método ativo de educação, um método de diálogo — crítico e convidativo à crítica —, modificando o conteúdo dos programas educacionais.

Freire e sua equipe pensaram que a primeira dimensão desse novo conteúdo — pelo qual poderiam ajudar a pessoa analfabeta, antes mesmo de começar sua alfabetização, a superar sua compreensão mágica e ingênua, para entrar numa compreensão crítica — era o conceito antropológico de cultura.

Eles consideraram que, para operar essa transformação essencial, era indispensável fazer esse homem simples

---

5. *Educação como prática da liberdade.*

CONSCIENTIZAÇÃO

percorrer um caminho ao longo do qual ele descobriria e tomaria consciência:

- da existência de dois mundos: o da natureza e o da cultura;
- do papel ativo do homem na e com a realidade;
- do papel de mediação representado pela natureza para as relações e as comunicações entre os homens;
- da cultura como resultado de seu trabalho, de seu esforço criador e recriador;
- da cultura como aquisição sistemática da experiência humana;
- da cultura como incorporação (por conseguinte, crítica e criadora), e não como uma justaposição de informações ou de prescrições "outorgadas";
- da democratização da cultura como dimensão da democratização fundamental;
- do aprendizado da leitura e da escrita como chaves pelas quais o analfabeto começa sua introdução no mundo da comunicação escrita;
- do papel do homem como um papel de sujeito, e não de simples objeto.

Ao descobrir-se, assim, como autor do mundo e criador de cultura, ao descobrir que toda criação humana é cultura, que tanto ele quanto o letrado são criadores, que a estatueta de terracota feita por um artesão é cultura, assim como a obra de um grande escultor, o analfabeto começaria a processo de mudança de suas atitudes internas.

Para realizar essa tomada de consciência, essa introdução no conceito de cultura, Freire e sua equipe conceberam onze situações existenciais que levam a fazer as descobertas acima. Cada uma dessas situações é representada por uma pintura ou desenho. Assim, a primeira situação, cuja finalidade é despertar a curiosidade da pessoa analfabeta e fazê-lo distinguir o mundo da natureza do mundo da cultura, representa um homem simples. Em torno dele, seres da natureza (árvores, sol, terra, pássaro...) e objetos da cultura (casa, poço, roupas, ferramentas etc.), uma mulher e uma criança. Com a ajuda de um animador, um longo debate se inicia. Por meio de questões simples — tais quais "Quem fez o poço? Por que o fez? Como o fez? Quando?", questões essas que se repetem em relação aos diferentes elementos da situação —, manifestam-se dois conceitos fundamentais: o conceito de "necessidade" e o conceito de "trabalho". A cultura se explica então no primeiro nível: o da subsistência.

O homem faz um poço porque precisa de água. E o faz na medida em que, ao entrar em relação com o mundo, faz do mundo um objeto de seu conhecimento. Submetendo o mundo por seu trabalho, ele dá início a um processo de transformação do mundo. Desse modo ele faz uma casa, suas roupas, seus instrumentos de trabalho. A partir daí, são discutidas em grupos, em termos evidentemente simples, mas objetivos, as relações entre homens, que não podem ser de dominação e de transformação, como as relações do homem com a natureza, mas relações entre sujeitos.

Depois de os dois mundos — o da natureza e o da cultura — terem sido reconhecidos, outras situações se sucederão,

CONSCIENTIZAÇÃO

ao longo das quais se aprofundará e se ampliará a compreensão do domínio cultural.[6] O analfabeto alcança a compreensão de que a falta de conhecimento é relativa, e a ignorância absoluta não existe. O simples fato de ser um homem implica conhecimento, controle e criatividade.

O sétimo desenho da série mostra um grupo no qual um casal executa uma *cueca* — dança folclórica chilena. O "círculo de cultura" descobre que o homem não cria somente instrumentos para suas necessidades físicas, mas cria também para sua expressão artística. O homem tem um sentido estético e as manifestações culturais populares têm uma vitalidade e uma beleza equivalentes às outras formas culturais. O coordenador propõe então outras questões: "Por que essas pessoas estão dançando? Quem inventou a dança? Por que os homens fazem música? Será que alguém que compõe uma *cueca* pode ser um grande compositor?" O objetivo dessa situação é indicar que um homem que compõe música popular é tão grande artista quanto um compositor erudito.

Com o oitavo desenho, entramos na fase da alfabetização propriamente dita. Organiza-se uma discussão em torno de uma palavra e de um desenho; o grupo aprende que se pode simbolizar uma experiência vivida desenhando-a, lendo-a ou escrevendo-a. Em vez da abastada casa burguesa das cartilhas mais comuns, encontramos uma humilde casa chilena e uma família cujas características são típicas da classe menos favorecida. À esquerda, há uma casa um pouco mais modesta.

---

6. *IDOC International*, Paris, Seuil, n. 29, 15 ago./1º set. 1970.

O coordenador do grupo conduz o círculo de cultura através da reflexão e da discussão sobre o sentido de "casa", utilizando temas como a necessidade de uma moradia confortável para a vida da família, o problema da moradia no país, as possibilidades e maneiras de se adquirir uma casa, os tipos de habitação em diferentes países e regiões, e os problemas da moradia em relação à urbanização. Questões provocativas, como as seguintes, desenvolvem uma atitude crítica em relação aos problemas de todos os dias: "Será que os chilenos têm casas apropriadas? Onde e por que há falta de casas? Será que o sistema de poupança e financiamento é suficiente para a aquisição de uma casa?"

Sobre o nono desenho, encontramos uma situação diferente: uma "fábrica" com uma placa anunciando que "não há vagas". A expressão dos rostos provavelmente reflete uma experiência real para muitos dos que estão ali presentes. Embora a palavra se dirija a um grupo rural, todos têm uma interpretação pessoal do sentido de uma "fábrica". As questões para discussão são as seguintes: "Onde são fabricadas as roupas que vestimos, as ferramentas com as quais trabalhamos, o papel e o lápis com que escrevemos? Será que a fábrica tem alguma participação na produção de nosso alimento e na construção de nossas casas? Por que as pessoas não produzem a maior parte dos artigos de que precisam, como faziam antigamente? Por que os países têm necessidade de se industrializar? Será que o Chile pode industrializar-se mais? De que um país precisa para se desenvolver industrialmente? Quais são as indústrias que têm as melhores possibilidades em nosso país? Será que a expansão industrial influencia as zonas rurais? Será que as zonas rurais contribuem a esse processo? É possível industrializar a agricultura e a pecuária?"[7]

A última situação gira em torno da dimensão da cultura como aquisição sistemática da experiência humana. A partir daí, passa-se ao debate sobre a democratização da cultura, com o qual se abrem as perspectivas da alfabetização. Realizados no âmbito de "círculos de cultura", com o auxílio de educadores especialmente preparados para o trabalho de animação, esses debates se revelaram rapidamente um meio poderoso e eficaz de conscientização, transformando radicalmente a atitude de seus participantes em face da vida.

Muitos deles, durante os debates sobre as situações, afirmavam, felizes e confiantes em si mesmos, que não lhes estava sendo "mostrado algo novo, mas a memória lhes estava sendo refrescada".

"Eu faço calçados — disse certa ocasião um deles —, e descobri agora que tenho o mesmo valor que o homem instruído que faz livros."

"Amanhã — afirmou outro, durante uma discussão sobre o conceito de cultura —, começarei meu trabalho de cabeça erguida." Era um simples varredor de rua, que descobriu o valor de sua pessoa e a dignidade de seu trabalho.[8]

---

7. Thomas R. Sanders, *The Paulo Freire method. Literacy Training and Conscientization*, junho de 1968.

8. *IDOC International*. Paris, Seuil, n. 29, 15 ago./1º set. 1970.

TERCEIRA PARTE

Práxis da libertação

TRÊS PALAVRAS-CHAVE

A opressão

Quem, melhor que os oprimidos, está preparado para compreender o terrível significado de uma sociedade opressora? Quem padece os efeitos da opressão mais do que os oprimidos? Quem pode compreender melhor a necessidade da libertação? Eles não alcançarão essa libertação por acaso, mas buscando-a por meio de uma práxis, e reconhecendo que é preciso lutar por ela. E essa luta, em virtude do objetivo dado a ela pelos oprimidos, representará realmente um ato de amor em troca da falta de amor que se encontra no âmago da violência dos opressores, falta de amor sim, ainda que revestida de falsa generosidade.

Mas, quase sempre, durante a fase inicial da luta, os oprimidos, em vez de lutar pela libertação, tendem a se tornar, eles próprios, opressores ou "sub-opressores". A própria estrutura de seu pensamento foi condicionada pelas contradições da situação existencial concreta que os moldou. O ideal deles é serem homens, mas, para eles, ser homem é ser opressor. Seu modelo de humanidade é esse. Esse fenômeno vem do fato de que os oprimidos, em determinado momento de sua experiência existencial, adotam uma atitude de "adesão" ao opressor. Nessas condições, eles não podem "olhá-lo" com clareza suficiente para objetivá-lo — para descobri-lo "fora deles".

Isso não quer necessariamente dizer que os oprimidos não têm consciência de que são esmagados. Mas sua inserção na realidade opressora os impede de ter uma percepção clara de si mesmos como oprimidos. Nesse nível, a percepção de si próprios como contrários ao opressor ainda não implica que eles se comprometam numa luta para superar a contradição; um polo não aspira a sua libertação, mas a sua identificação com o polo oposto.

Nessa situação, os oprimidos não veem o "novo homem" como aquele que deve nascer da resolução de sua contradição quando o opressor dá lugar à libertação. Para eles, o novo homem são eles mesmos quando se tornaram opressores. A visão que têm do homem novo é individualista, por causa de sua identificação com o opressor, de modo que não têm consciência de si mesmos como pessoas ou membros de uma classe oprimida. Não é para se tornarem homens livres que desejam a reforma agrária, mas para obter uma terra e, assim, tornar-se proprietários ou, mais precisamente, patrões de outros trabalhadores. É raro que um camponês que obteve uma promoção para supervisionar o trabalho não seja mais tirânico em relação a seus antigos colegas do que o próprio patrão.

Isso se deve ao fato de que o contexto da situação do camponês, ou seja, a opressão, permanece inalterada. Nesse exemplo, aquele que supervisiona, para manter seu emprego, deve ser tão rígido quanto o patrão — ou mesmo mais. Isso ilustra nossa afirmação, segundo a qual, durante a fase inicial de sua luta, os oprimidos encontram no opressor seu "modelo de homem".

Mesmo a revolução que transforma uma situação concreta de opressão, dando início ao processo de libertação, deve enfrentar esse fenômeno. Muitos oprimidos que participam direta ou indiretamente da revolução procuram — condicionados pelos mitos da antiga ordem — fazer dela sua própria revolução. A sombra do antigo opressor continua a planar sobre eles.

Se o que caracteriza os oprimidos é sua subordinação à consciência do senhor, como afirma Hegel, a verdadeira solidariedade com os oprimidos implica que se lute ao lado deles, para transformar a realidade objetiva que fez deles esses "seres para o outro". O opressor só é solidário com os oprimidos quando deixa de olhá-los como uma categoria abstrata e os vê como pessoas que foram tratadas injustamente, privadas de sua voz, exploradas na venda de seu trabalho; quando deixa de agir com gestos piedosos, sentimentais e individualistas, e arrisca-se num ato de amor. A verdadeira solidariedade pode ser encontrada tão somente na plenitude desse ato de amor, em sua existencialidade, em sua práxis.

Afirmar que os homens são pessoas que, como tais, devem ser livres e, no entanto, nada fazer de concreto para que essa afirmação se torne realidade é uma piada.

Só os oprimidos podem, libertando-se a si mesmos, libertar seus opressores. Estes, como classe opressora, não podem nem se libertar a si mesmos, nem libertar os outros, de modo que é essencial que os oprimidos levem a cabo uma luta que resolva a contradição na qual estão imbricados; a contradição, por sua vez, só será resolvida mediante o surgimento de um novo homem: nem opressor, nem oprimido, mas um homem em vias de se libertar. Se a meta dos oprimidos é tornarem-se plenamente humanos, eles não a alcançarão contentando-se em inverter os termos da contradição, apenas mudando os polos.

Para o opressor, a consciência e a humanização dos "outros" não se configuram como a promoção de uma humanidade plena, mas como subversão. Precisamente por não serem "reconhecidos", mas "invejosos", os oprimidos são vistos como inimigos em potência, os quais se devem vigiar.

Considerando-se o contexto precedente, encontramo-nos diante de uma questão de grande importância: o fato de que certos membros da classe opressora se juntam aos oprimidos em sua luta pela libertação, deslocando-se assim de um polo da contradição a outro. O papel que desempenham é fundamental e assim tem sido ao longo de toda a história dessa luta. Entretanto, acontece que, embora deixem de ser exploradores, espectadores indiferentes ou simplesmente os herdeiros da exploração, passando para o lado dos explorados, eles continuam a trazer consigo as marcas de sua origem: seus preconceitos e deformações, entre as quais uma falta de confiança na capacidade do povo para pensar, para querer e para saber. Consequentemente, os que aderiram à causa do povo correm constantemente o risco de cair num tipo de generosidade tão nociva quanto a dos opressores.

A generosidade dos opressores é nutrida por uma ordem injusta, que deve ser mantida para justificar essa generosidade. Nossos "convertidos", ao contrário, desejam verdadeiramente transformar a ordem injusta; mas, por causa de seus antecedentes, acreditam que devem ser os realizadores da transformação. Eles falam dos homens, mas não têm confiança neles; ora, a confiança nos homens é a precondição indispensável para uma transformação revolucionária.

Um verdadeiro humanista pode ser reconhecido muito mais por sua confiança nos homens, que o conduz a engajar-se na luta deles, do que pelos milhares de ações que ele pode empreender por eles sem tal confiança.

A conversão aos homens exige um renascimento profundo. Os que aderem a ela precisam adotar uma nova forma de existência, não podendo mais permanecer como antes. É apenas na camaradagem com os oprimidos que os convertidos podem compreender o modo de vida que lhes é característico e de se portar, o qual, em certos momentos, reflete a estrutura de dominação. Uma dessas características, que mencionamos anteriormente, é o dualismo dos oprimidos, que são, ao mesmo tempo, eles mesmos e o opressor, cuja imagem interiorizaram. Por isso, eles quase sempre têm atitudes fatalistas em face de sua situação, até "descobrirem" concretamente seu opressor e, em seguida, sua própria consciência.

Em sua alienação, os oprimidos querem, a qualquer preço, assemelhar-se ao opressor, imitá-lo, segui-lo. Esse fenômeno é comum principalmente entre os oprimidos da classe média, que aspiram a ser iguais aos homens "importantes" da classe superior. Albert Memmi, numa análise excepcional da "mentalidade colonizada", se refere ao desprezo que sentiu pelo colonizador, mas que era acompanhado por uma atração "apaixonada" por ele: "Como o colonizador podia ao mesmo tempo cuidar de seus operários e metralhar periodicamente uma multidão de colonizados? Como o colonizado podia ao mesmo tempo se negar tão cruelmente e reivindicar seus direitos de uma maneira tão excessiva? Como podia ao mesmo tempo detestar o colonizador e admirá-lo com paixão (admiração essa que eu sentia, apesar de tudo, em mim)?"

O desprezo de si é outra característica dos oprimidos que provém da interiorização da opinião que os opressores têm deles. De tanto ouvirem dizer que não servem para nada, que não sabem nada nem são capazes de aprender nada, que são doentes, preguiçosos e improdutivos, acabam por se convencer da própria inaptidão.

"O camponês se sente inferior ao patrão porque o patrão parece ser o único que sabe e que é capaz de fazer as coisas funcionarem."

Enquanto a ambiguidade persistir, os oprimidos não tentarão opor-lhe resistência e carecerão totalmente de autoconfiança. Eles têm uma crença difusa, mágica, na invulnerabilidade e potência do opressor. A força mágica do poder do proprietário exerce uma influência particular nas zonas rurais. Um de meus amigos sociólogos relata a história de um grupo de camponeses armados da América Latina que acabava de se apoderar de um latifúndio. Por razões táticas, eles tinham a intenção de manter o proprietário como refém, mas nenhum camponês teve a coragem de vigiá-lo. A própria presença dele era aterrorizadora. Pode ser também que o próprio fato de opor-se ao patrão despertasse neles sentimentos de culpa. Na verdade, o patrão estava "neles". Por essa razão, os oprimidos são emocionalmente dependentes.[1]

A dependência

As sociedades podem passar por uma transformação econômica de duas maneiras, segundo o polo de decisão da própria transformação. De um lado, existem mudanças para as quais o polo de decisão se encontra fora da sociedade; de outro, mudanças cujo polo de decisão está no interior da sociedade. No primeiro caso, a sociedade é o simples objeto do outro ou dos outros; trata-se, na linguagem hegeliana, de um "ser-para-o-outro". No segundo caso, a sociedade atua como sujeito ou "ser-para-si-mesmo". A modernização e o desenvolvimento representam esses dois tipos diferentes de mudança. Assim, o conceito de desenvolvimento está ligado ao processo de libertação das sociedades dependentes, ao passo que a ação modernizante caracteriza a situação

---

1. *Pedagogia do oprimido*, capítulo I.

concreta de dependência. Logo, é impossível que compreendamos o fenômeno do subdesenvolvimento sem ter uma percepção crítica da categoria de dependência. De fato, o subdesenvolvimento não tem sua "razão" de ser em si mesmo; bem ao contrário, sua "razão" está no desenvolvimento.

Dessa maneira, a tarefa fundamental dos países subdesenvolvidos — o engajamento histórico de seus povos — é superar sua "situação-limite" de sociedades dependentes, para se tornarem "seres-para-si-mesmos". Sem tal superação, essas sociedades continuarão a fazer a experiência da "cultura do silêncio", que, por resultar das estruturas de dependência, reforça as mesmas estruturas. Portanto, há uma relação necessária entre dependência e "cultura do silêncio". Estar em silêncio é não ter uma voz autêntica, é seguir as prescrições daqueles que falam e impõem suas palavras. Alcançar o estado de "serem-para-si-mesmas" representa, para as sociedades subdesenvolvidas, aquilo que chamo de "possível não vivido".

A situação-limite na qual elas se encontram as desafia e, ao mesmo tempo, as ajuda a compreender cada vez melhor as causas reais de serem dependentes. Contudo, quanto mais a situação-limite for desvelada, mais "o possível não vivido" se tornará uma situação-limite para aqueles que impõem a elas suas palavras.

O desenvolvimento-libertação, portanto, é, de um lado, o "possível não vivido" das sociedades dependentes e, de outro, a situação-limite das sociedades dirigentes. Assim, a modernização, que estimula tão somente a manifestação da palavra nas sociedades dependentes, não vai além das puras

CONSCIENTIZAÇÃO

reformas de estruturas. Esse processo, partindo do exterior, mantém o estado de dependência dessas sociedades, que podem, entretanto, ter a ilusão de se tornarem sujeitos de suas decisões. Por essa razão, a modernização provoca a "invasão cultural" que deforma o ser da sociedade invadida, que se torna uma espécie de caricatura de si mesma.[2]

O fenômeno relacional da dependência a partir do caso latino-americano

Para compreender os níveis de consciência, temos de considerar a realidade histórico-cultural como uma superestrutura em relação com uma infraestrutura. Portanto, devemos tentar identificar, de maneira relativa, e não de maneira absoluta, as características fundamentais da situação histórico-cultural à qual tais níveis correspondem.

Não temos a intenção de fazer o estudo das origens e da evolução histórica da consciência, mas, sim, uma análise concreta dos níveis de consciência na realidade latino-americana. Isso não quer dizer que tal análise não seja válida para outras regiões do Terceiro Mundo, ou para aquelas regiões das grandes metrópoles que se assemelham ao Terceiro Mundo enquanto "zonas de silêncio".

Estudaremos primeiro a realidade histórico-cultural que designamos como "a cultura do silêncio". Esse modo de

---

2. *World Development — Challenge to the Churches.* The report of the conference on world cooperation for development. Genebra, abr. 1968.

cultura é uma expressão superestrutural que condiciona uma forma especial de consciência. A cultura do silêncio "sobredetermina"[3] a infraestrutura da qual saiu.

Só é possível compreender a cultura do silêncio ao considerá-la como uma totalidade que faz parte de um conjunto mais amplo. Nesse conjunto maior, também devemos reconhecer a cultura ou as culturas que determinam o caminho da cultura do silêncio. Não queremos dizer que a cultura do silêncio seja uma entidade criada pela "metrópole" em laboratórios especializados e depois levada ao Terceiro Mundo. Também não é verdade que a cultura do silêncio nasça por geração espontânea. Na realidade, ela nasce da relação entre o Terceiro Mundo e a metrópole. "Não é o dominador que constrói uma cultura e a impõe aos dominados. Essa cultura é o resultado de relações estruturais entre os dominados e o dominador." Assim, para compreender a cultura do silêncio, é preciso fazer primeiro uma análise da dependência como fenômeno relacional que dá nascimento a diferentes formas de ser, de pensamento, de expressão, as da cultura do silêncio e as da cultura que "tem uma voz"...

É verdade que a infraestrutura, criada nas relações pelas quais o trabalho do homem transforma o mundo, dá origem à superestrutura. Mas também é verdade que esta, intermediada pelos homens que assimilam seus mitos, se volta para a infraestrutura e a "sobredetermina". Se a dinâmica dessas

---

3. Sobredeterminação: "processo no qual uma mesma realidade é gerada por uma multiplicidade de causas". Fonte: *Dicionário Houaiss da língua portuguesa*. (N. do T.)

relações precárias, nas quais os homens estão e trabalham no mundo, não existisse, não poderíamos falar nem de estrutura social, nem de homens, nem do mundo humano.

As relações entre o dominador e os dominados refletem o contexto social maior, mesmo em seu aspecto pessoal. Tais relações supõem que os dominados assimilam os mitos culturais do dominador. Da mesma maneira, a sociedade dependente absorve os valores e o estilo de vida da sociedade metropolitana, uma vez que a estrutura desta última molda a da sociedade dependente. O resultado disso é o dualismo e a ambiguidade da sociedade dependente, o fato de que ela é e não é ela mesma, assim como a ambivalência que caracteriza sua longa experiência de dependência, numa atitude em que é atraída pela sociedade metropolitana e, ao mesmo tempo, a rejeita.

A infraestrutura da sociedade dependente é moldada pela vontade da sociedade dirigente. A superestrutura resultante disso reflete, portanto, a inautenticidade da infraestrutura. Enquanto a metrópole pode absorver suas crises ideológicas em virtude do mecanismo do poder econômico e de uma tecnologia altamente desenvolvida, a estrutura dependente é demasiado fraca para suportar a menor manifestação popular, o que explica a frequente rigidez da estrutura dependente.

Por definição, a sociedade dependente é uma sociedade silenciosa, cuja voz não é uma voz autêntica, mas um simples eco da voz da metrópole. De qualquer modo, a metrópole fala e a sociedade dependente escuta.

O silêncio da sociedade-objeto em relação com a sociedade-dirigente se repete nas relações no interior da própria sociedade-objeto, cujas elites no poder, elas mesmas silenciosas em face da metrópole, fazem calar seu próprio povo. É apenas quando o povo de uma sociedade dependente rompe a cultura do silêncio e conquista seu direito à palavra — ou seja, somente quando as mudanças estruturais radicais transformam a sociedade dependente —, que tal sociedade pode, em seu conjunto, cessar de ser silenciosa em relação à sociedade dirigente.

Além disso, se um grupo se apropria do poder por meio de um golpe de Estado — como ocorreu recentemente no Peru — e passa a tomar medidas de defesa econômicas e culturais de tipo nacionalista, sua política cria uma nova contradição. O novo regime pode ir além de suas intenções iniciais e ser obrigado a romper definitivamente com a cultura do silêncio, tanto fora quanto dentro, ou, temendo a ascensão popular, pode voltar atrás e impor novamente o silêncio às massas. Enfim, o governo pode favorecer um novo tipo de populismo. Estimulados pelas primeiras medidas nacionalistas, as massas submergidas teriam a ilusão de que estão participando da transformação de sua sociedade, ao passo que, na realidade, estariam sendo habilmente manipuladas. No Peru, enquanto o grupo militar que tomou o poder em 1968 persegue esses objetivos políticos, muitas de suas ações farão aparecer "fissuras" nas zonas mais fechadas da sociedade peruana.

Por essas fissuras, as massas começarão a sair de seu silêncio com atitudes cada vez mais exigentes. À medida que

CONSCIENTIZAÇÃO

113

suas exigências forem satisfeitas, elas tenderão não somente a multiplicá-las, mas também a mudar a natureza delas. Assim, a atitude populista terminará por criar sérias contradições para o grupo no poder e se verá obrigada a romper a cultura do silêncio ou a restaurá-la. Por isso, na situação atual da América Latina, parece-nos difícil que um governo pratique uma política independente, relativamente agressiva, em relação à metrópole, ao mesmo tempo em que mantenha a cultura do silêncio dentro.

Em 1961, Jânio Quadros subiu ao poder no Brasil, naquilo que provavelmente foi a maior vitória eleitoral da história da nação. Ele tentou implantar uma política paradoxal de independência em relação à metrópole e de controle sobre o povo. Depois de sete meses de exercício, ele anunciou à nação, de maneira inesperada, ser obrigado a renunciar à presidência por pressão das mesmas forças ocultas que levaram o presidente Getúlio Vargas a se suicidar.

O grupo militar brasileiro que derrubou o governo Goulart em 1964, designando de maneira curiosa sua ação como revolução, teve uma atitude coerente de acordo com nossa análise precedente: uma sólida política de servidão em relação à "metrópole" e a imposição violenta do silêncio ao próprio povo. Uma política de servidão em relação à "metrópole" e, por dentro, a ruptura da cultura do silêncio não seriam viáveis. Uma política de independência em relação à "metrópole", mas que mantivesse a cultura do silêncio dentro, também não seria.

As sociedades latino-americanas se apresentam como sociedades fechadas desde o tempo de sua conquista pelos espanhóis e portugueses, quando a cultura do silêncio tomou forma. Com exceção de Cuba pós-revolucionária, essas sociedades são ainda hoje sociedades fechadas; são sociedades dependentes, cujos polos de decisão, das quais elas são o objeto, apenas mudaram em diferentes momentos históricos: Portugal, Espanha, Inglaterra ou Estados Unidos.

As sociedades latino-americanas são caracterizadas por uma estrutura social hierárquica e rígida; pela ausência de mercados internos, porquanto sua economia é controlada do exterior; pela exportação de matérias-primas e importação de produtos manufaturados, sem ter direito à palavra; por um sistema educacional precário e seletivo, no qual as escolas são um instrumento de manutenção do *status quo*; por elevadas taxas de analfabetismo e de doença, compreendendo o que se chama ingenuamente de "doenças tropicais", que são, na realidade, as doenças do subdesenvolvimento e da dependência; por taxas de mortalidade infantil alarmantes; pela desnutrição, que quase sempre tem efeitos irreparáveis para as faculdades mentais; por uma baixa expectativa de vida, e por elevados índices de criminalidade.

Um tipo de consciência corresponde à realidade concreta de tais sociedades dependentes. É uma consciência historicamente condicionada pelas estruturas sociais. A principal característica dessa consciência — tão dependente quanto a sociedade a cuja estrutura ela se conforma — é sua "quase aderência" à realidade objetiva ou sua "quase imersão" na realidade. A consciência dominada não se distancia o bastante da realidade para objetivá-la, para que possa conhecê-la

CONSCIENTIZAÇÃO

de maneira crítica. Chamamos esse tipo de consciência de "semi-intransitiva".

A consciência semi-intransitiva caracteriza as estruturas fechadas. Em razão de sua quase imersão na realidade concreta, essa consciência não percebe muito os desafios da realidade ou os percebe de maneira deformada. Sua semi-intransitividade é uma espécie de obliteração imposta pelas condições objetivas. Por causa dessa obliteração, os únicos fatos que a consciência dominada apreende são os fatos que se encontram na órbita de sua experiência vivida. Esse tipo de consciência não pode objetivar os fatos e as situações problemáticas da vida cotidiana. Os homens cuja consciência se situa nesse nível de quase imersão carecem daquilo que chamamos "percepção estrutural", que se forma e se reforma a partir da realidade concreta na apreensão dos fatos e situações problemáticas. Quando não têm essa percepção estrutural, os homens atribuem a origem de tais fatos ou tais situações a alguma realidade superior, ou a algo dentro de si mesmos; em ambos os casos, a algo exterior à realidade objetiva.

O que importa é o fato de que, quando as fissuras começam a aparecer na estrutura e as sociedades entram num período de transição, imediatamente as massas, até então imersas e silenciosas, começam a sair desse estado. Contudo, isso não quer dizer que tais movimentos de emergência rompem automaticamente a cultura do silêncio. Em sua relação com a metrópole, as sociedades em transição continuam a ser totalidades silenciosas. Nelas, todavia, o fenômeno de emergência das massas força as elites no poder a fazerem a experiência de novas maneiras de manter as massas no silêncio, porquanto as mudanças estruturais que causam a "emergência" das massas alteram igualmente, no plano qualitativo, sua consciência semi-imersa e semi-intransitiva...

Embora se possa explicar a diferença qualitativa entre a consciência semi-intransitiva e a consciência ingênua transitiva pelo fenômeno de emergência devido a transformações estruturais na sociedade, não há fronteira extremamente definida entre os momentos históricos que produzem mudanças qualitativas na consciência dos homens. Em muitas opiniões, a consciência semi-intransitiva permanece presente na consciência ingênua transitiva.

Na América Latina, por exemplo, quase toda a população camponesa ainda se encontra na fase de quase imersão, fase cuja história é muito mais longa que aquela da emergência. A consciência camponesa semi-intransitiva assimilou inúmeros mitos na fase precedente, que continua, apesar de uma mudança de consciência para a transitividade. Portanto, a consciência transitiva emerge como consciência ingênua tão dominada quanto a precedente. Entretanto, ela agora está indiscutivelmente mais bem disposta a perceber a origem de sua existência ambígua nas condições objetivas da sociedade.

A emergência da consciência popular supõe, quando não a superação da cultura do silêncio, ao menos a presença das massas no processo histórico que faz pressão sobre as elites no poder. Ela só pode ser compreendida como uma dimensão de um fenômeno mais complexo; quer dizer que a emergência da consciência popular, embora ainda ingenuamente intransitiva, também é um momento no desenvolvimento da consciência da elite no poder.

Numa estrutura de dominação, o silêncio das massas populares só existiria para elites no poder que as mantêm em silêncio; também não poderia haver uma elite no poder sem as massas. Assim como há um momento de surpresa nas massas, quando começam a ver o que não viam anteriormente, há uma surpresa correspondente nas elites no poder, quando se sentem desmascaradas pelas massas. Esse duplo "desvelamento" desperta inquietações tanto nas massas quanto nas elites no poder. As massas passam a desejar a liberdade, a desejar superar o silêncio no qual sempre existiram. As elites desejam manter o *status quo*, permitindo apenas transformações superficiais, para impedir qualquer mudança real em seu poder de prescrição.

Nos processos de transição, o caráter eminentemente estático da "sociedade fechada" abre progressivamente espaço a um dinamismo em todas as dimensões da vida social.

As contradições sobem à superfície, provocando conflitos nos quais a consciência popular se torna cada vez mais exigente, causando nas elites uma inquietação cada vez maior. Como as linhas dessa transição histórica se desenham com maior nitidez, esclarecendo as contradições inerentes a uma sociedade dependente, grupos de intelectuais e de estudantes que particularmente pertencem à elite privilegiada buscam engajar-se na realidade social, rejeitando os esquemas importados e as soluções pré-fabricadas. Assim, as artes deixam progressivamente de ser a simples expressão da vida fácil da burguesia rica, passando a encontrar inspiração na vida dura do povo. Os poetas deixam de descrever apenas seus amores perdidos — e mesmo o tema do amor perdido se torna menos lamurioso, mais objetivo e mais lírico. Não falam mais do trabalhador do campo como um conceito abstrato e metafisico, mas como um homem concreto, com uma vida concreta.

A fase de transição engendra também um novo estilo de vida política, uma vez que os velhos modelos políticos da sociedade fechada não são mais válidos quando as massas se tornam uma presença histórica emergente. Na sociedade fechada, as relações entre a elite e o povo quase imerso são intermediadas pelos líderes políticos que representam as diversas facções da elite. No Brasil, os líderes políticos infalivelmente paternalistas são proprietários, não somente de suas terras, mas também das massas populares silenciosas e obedientes que eles controlam.

Como as zonas rurais da América Latina não eram tocadas pela emergência provocada pelas fissuras na sociedade, permaneciam essencialmente sob o controle dos líderes políticos. Nos centros urbanos, ao contrário, uma nova forma de liderança surgia para intermediar as elites no poder e as massas que emergiam: a liderança populista. Uma característica da liderança populista merece particular atenção: a manipulação.

Que as massas, ao sair do silêncio, não permitam ao estilo político da antiga sociedade fechada se manter não significa que elas possam falar por si mesmas. Elas simplesmente passaram da quase imersão a um estado de consciência ingênua transitiva. Assim, podia-se considerar uma liderança populista como uma resposta adequada à nova presença das massas no processo histórico. Mas trata-se de uma liderança manipuladora — manipuladora das massas, porquanto não pode manipular a elite.

A manipulação populista das massas deve ser considerada de dois pontos de vista diferentes. De um lado, é inegavelmente uma espécie de narcótico político que nutre não apenas a ingenuidade da consciência emergente, mas também o hábito que as pessoas têm de serem dirigidas. Por outro lado, na medida em que utiliza os protestos e as reivindicações da massa, a manipulação política acelera, de maneira paradoxal, o processo pelo qual as pessoas desvelam a realidade. Esse paradoxo resume o caráter ambíguo do populismo: é manipulador e, ao mesmo tempo, fator de mobilização democrática.

Assim, o novo estilo de vida política que se encontra nas sociedades em transição não se limita ao papel de manipulação exercido pelos líderes que intermedeiam as massas e as elites. Com efeito, o estilo populista de ação política acaba por criar condições favoráveis para que grupos de jovens e intelectuais participem da vida política com as massas. Não obstante seja um exemplo de paternalismo manipulador, o populismo oferece uma possibilidade de análise crítica da própria manipulação. Em todo o jogo das contradições e ambiguidades, a emergência das massas populares nas sociedades em transição prepara o caminho para as massas, a fim de que se tornem conscientes de seu estado de dependência.

Como dissemos, o momento de passagem das massas, de um estado de consciência semi-intransitivo a um estado ingênuo transitivo, é também um momento de despertar das elites, um momento decisivo para a consciência crítica dos grupos progressistas. No início, uma consciência frágil aparece em pequenos grupos de intelectuais ainda marcados pela alienação cultural da sociedade em seu conjunto, alienação reforçada pela "formação" universitária recebida.

Como as contradições que caracterizam uma sociedade em transição aparecem mais claramente, esses grupos se multiplicam e são capazes de distinguir com cada vez maior precisão o que constitui a sociedade da qual fazem parte. Eles passam a se unir cada vez mais às massas populares, de diferentes maneiras: pela literatura, pelas artes plásticas, pelo teatro, pela música, pela educação, pelo esporte e pela arte popular. O que importa é a comunhão com as massas, a qual alguns desses grupos conseguem alcançar.

Nesse momento, a consciência crítica crescente dos grupos progressistas, oriunda da transitividade ingênua das massas em ascensão, se torna um desafio à consciência das elites no poder. As sociedades que se encontram nessa fase histórica, a qual não se pode compreender com clareza fora da compreensão da totalidade da qual fazem parte, vivem num clima de pré-revolução, cuja contradição dialética é o golpe de Estado.

Na América Latina, o golpe de Estado se tornou a resposta das elites econômicas e militares no poder às crises provocadas pela emergência popular. Essa resposta varia de acordo com a influência relativa dos militares.

CONSCIENTIZAÇÃO

Numa situação extremamente problemática, cujo resultado é revelar cada vez mais a condição de dependência na qual se encontram, as sociedades latino-americanas em transição se veem diante de duas possibilidades contraditórias: revolução ou golpe de Estado. Quanto mais sólidos os fundamentos ideológicos de um golpe de Estado, menos possível é, para uma sociedade, posteriormente retornar ao mesmo estilo político que criara as próprias condições desse golpe de Estado. Este modifica qualitativamente o processo de transição histórica de uma sociedade e marca o começo de uma nova transição.

No estado original de transição, o golpe de Estado era a solução antitética da revolução; no novo estado de transição, o golpe de Estado é definido e se confirma como um poder arbitrário e antipopular que, diante da possibilidade contínua de uma revolução, tende cada vez mais a se endurecer.

No Brasil, a transição que marca o golpe de Estado representa um retorno a uma ideologia de desenvolvimento baseada num abandono da economia nacional a interesses estrangeiros, ideologia na qual "a ideia de grande empresa internacional substitui a ideia de monopólio do Estado como base do desenvolvimento". Uma das exigências fundamentais de tal ideologia é necessariamente silenciar os setores populares e, por conseguinte, distanciá-los das esferas de decisão.

Nesse sentido, as forças populares precisam evitar a ilusão ingênua de crer que esse estado de transição é capaz de permitir "aberturas" que as colocarão em condições de recuperar o ritmo de transição precedente, cujo modelo político correspondia à ideologia do desenvolvimento populista, de caráter nacional.

As "aberturas" permitidas pela nova fase de transição têm significado próprio. Elas não significam um retorno ao que já passou, e sim concessões no jogo das adaptações exigidas pela ideologia reinante. Qualquer que seja sua ideologia, a nova fase de transição desafia as classes populares a encontrar uma maneira de agir completamente nova, diferente daquela do período precedente, em que lutavam contra as forças que esses golpes de Estado levaram ao poder.

Uma das razões dessa mudança é bastante evidente: devido à repressão imposta pelo golpe de Estado, as forças populares precisam agir em silêncio e a ação silenciosa exige um aprendizado difícil. Além disso, as forças populares têm de buscar maneiras de se opor aos efeitos da reativação da cultura do silêncio que, historicamente, deu origem à consciência dominada.

Nessas condições, quais são as possibilidades de sobrevivência para a consciência emergente que chegou ao estado de transitividade ingênua? É numa análise mais profunda da fase de transição inaugurada pelo golpe de Estado militar que se encontra a resposta a essa questão. Porquanto a revolução ainda é possível nessa fase, a análise deve se concentrar no confronto dialético entre o projeto revolucionário (ou, infelizmente, os projetos) e o novo regime.[4]

---

4. Paulo Freire, "Cultural action for freedom", em *Harvard Education Review*, Cambridge, Massachusetts, 1970.

A marginalização

A percepção não estrutural do analfabetismo revelou uma visão equivocada dos analfabetos como pessoas que estão à margem. No entanto, aqueles que os consideram como marginais precisam reconhecer a existência de uma realidade em relação à qual eles estão à margem — não apenas um espaço físico, mas também realidades históricas, sociais, culturais e econômicas, ou seja, a dimensão estrutural da realidade. Dessa maneira, os analfabetos devem ser considerados como seres "fora de", "à margem de" alguma coisa, uma vez que é impossível estar à margem em relação a nada. Mas estar "fora de", "à margem de", implica necessariamente um movimento, daquele de quem se diz estar à margem, indo do centro para a periferia. Esse movimento, que é uma ação, pressupõe não apenas um agente, como também razões. Se admitirmos a existência de homens "fora da" ou "à margem da" realidade estrutural, parece legítimo perguntar qual é o autor desse movimento do centro da estrutura para sua margem. Serão aqueles dos quais se diz estarem à margem — entre os quais se encontram os analfabetos — que decidem deslocar-se para a periferia da sociedade?

Se assim for, a marginalização[5] é uma escolha com todas as suas implicações: fome, enfermidade, subnutrição, dor, deficiência mental, morte, criminalidade, promiscuidade, desespero, impossibilidade de ser.

---

5. No original, "marginalité", que se traduziria literalmente por "marginalidade". Traduzimos por marginalização para não dar a ideia de "criminalidade". (N. do T.)

Na realidade, é difícil aceitar que 40% da população brasileira, quase 90% da haitiana, 60% da boliviana, aproximadamente 40% da peruana, mais de 30% das populações mexicana e venezuelana, e aproximadamente 70% da guatemalteca tenham feito a "escolha" trágica de sua própria marginalização enquanto população de analfabetos. Portanto, se a marginalização não é uma escolha, o homem marginalizado foi rejeitado e é mantido fora do sistema social, tornando-se objeto de violência.

De fato, a estrutura social em seu conjunto "não expele" e o homem marginalizado não pode ser "um ser fora de". Ele é, ao contrário, um "ser no interior de" uma estrutura social, numa relação de dependência diante daqueles que chamamos erroneamente de seres autônomos, mas são, na realidade, seres inautênticos. Numa abordagem menos rigorosa, mais simplista, menos crítica, mais tecnicista, pode-se considerar desnecessário refletir sobre questões que se considera sem importância, como o analfabetismo e a educação de adultos. Em tal abordagem, pode-se até mesmo acrescentar que a discussão do conceito de marginalização é um exercício acadêmico inútil. No entanto, não é.

Ao concordar que o analfabeto é uma pessoa que existe à margem da sociedade, somos conduzidos a considerá-lo como uma espécie de "pessoa enferma", para a qual a alfabetização seria um medicamento "que o curaria", possibilitando-lhe "retornar" à estrutura "saudável" da qual foi separado. Os educadores seriam conselheiros benevolentes percorrendo as periferias da cidade, em busca de analfabetos ignorantes que

CONSCIENTIZAÇÃO

125

teriam escapado da vida melhor, para fazê-los recuperar a felicidade presenteando-os com a palavra.

Em tal concepção, lamentavelmente muito difundida, os programas de alfabetização nunca podem consistir em esforços para alcançar a liberdade; eles jamais colocarão em questão a própria realidade que priva os homens do direito de falar — não somente os analfabetos, como também todos os que são tratados como objetos numa relação de dependência. Na realidade, esses homens — analfabetos ou não — não estão à margem. Repetimos: eles não estão "fora de", mas são "seres para o outro". Portanto, a solução do problema deles não é se tornarem "seres no interior de", e sim homens que se libertem, já que, na realidade, não são homens à margem da estrutura, mas homens oprimidos no interior da mesma estrutura. Homens alienados, eles não podem superar a situação de dependência "incorporando-se" à estrutura que é responsável por essa dependência. Não há outro caminho para a humanização — deles e dos outros — que não uma autêntica transformação da estrutura desumanizadora.

Nessa perspectiva, o analfabeto não é mais uma pessoa que vive à margem da sociedade, um homem marginalizado, mas, ao contrário, um representante das camadas dominadas da sociedade, em oposição consciente ou inconsciente àqueles que, no interior da estrutura, o tratam como uma coisa. Assim, quando se ensinam os homens a ler e a escrever, não se trata mais de uma questão banal de "ba", "be", "bi", "bo", "bu", nem da memorização de uma palavra alienada, mas, sim, de um aprendizado difícil para "nomear" o mundo.

Na primeira hipótese, em que os analfabetos são considerados homens à margem da sociedade, o processo de alfabetização reforça a mitificação da realidade, que a torna opaca e obscurece a consciência "vazia" do aluno com inúmeras frases e palavras alienadoras. Contraposta a esta, na segunda hipótese, em que os analfabetos são considerados homens oprimidos pelo sistema, o processo de alfabetização como ação cultural para a liberdade é o ato de um "sujeito cognoscente" em diálogo com o educador. Por essa razão mesma, é ato de coragem tentar desmitificar a realidade: é o processo pelo qual aqueles que antes estavam imersos na realidade começam a emergir, para reinserir-se nela com uma consciência crítica.[6]

---

6. Paulo Freire, "Cultural action for freedom", em *Harvard Education Review*, Cambridge, Massachusetts, 1970.

LINHAS DE AÇÃO

Nova relação pedagógica

Nas sociedades em que a dinâmica estrutural conduz ao assujeitamento das consciências, "a pedagogia dominante é a pedagogia das classes dominantes". Pois, pelo duplo mecanismo da assimilação, ou melhor, da "introjeção", a pedagogia que é imposta às classes dominadas como sendo "legítima" — como se fizesse parte do saber oficial — produz nelas, ao mesmo tempo, o reconhecimento da "ilegitimidade" da cultura que lhes é própria. Voltamos a encontrar, assim, no âmbito da educação, esta "alienação da ignorância" da qual Paulo Freire tratou com frequência em suas pesquisas: o pobre absolutiza a própria ignorância, em benefício do "patrão" e "daqueles que são como o patrão", que se tornam juízes e detentores de todo saber.

É assim que a opressão encontra, na lógica do atual sistema de ensino, um instrumento de escolha para tornar o *status quo* aceito e prolongá-lo; ou que, com a desculpa de melhorar ou promover a "integração social", a ação pedagógica contribui para cavar e legalizar "um abismo profundo entre as classes".

Os métodos de opressão não podem — caso contrário, correm o risco de se contradizer — servir à libertação do oprimido. Nas sociedades regidas por interesses de grupos, de classes ou nações dominantes, "a educação como prática da liberdade" — para citar uma expressão que resume a perspectiva de Paulo Freire — conclama inevitavelmente uma "pedagogia do oprimido", não uma pedagogia "para ele", mas que saiu dele.

O método engendra um processo de mudança e acaba por identificar-se com ele, pois a pedagogia coincide com um estilo bastante preciso de prática social, qual seja, aquele da tomada de consciência, ou melhor, da conscientização. Evidentemente, essa objetivação — condicionada pela posição que o indivíduo ocupa na sociedade — pode atingir âmbitos diferentes: a superação de uma atitude mágica dá, gradativamente, primeiro uma opinião vaga — na maior parte das vezes emprestada —, depois uma apreensão não crítica dos fatos, ou, por fim, no caso da conscientização, uma apreensão correta e crítica dos verdadeiros mecanismos dos fenômenos naturais ou humanos. Mas, independentemente de que grau essa superação alcance, ela sempre tem como escopo uma apropriação da conjuntura por parte de seus atores. Os que são "conscientizados" tomam posse da própria situação, se inserem nela, para transformá-la, pelo menos no projeto e nos esforços que lhes são próprios.

CONSCIENTIZAÇÃO

Por conseguinte, a conscientização não pode ter pretensão a nenhuma "neutralidade"; consequência da educação, ela mostra que esta também não poderia ser neutra, pois sempre se propõe, quer queiram quer não, "a forma própria de uma ação sobre o mundo". Falar de neutralidade da educação equivale a expressar uma vontade de mitificação. De fato, o educador tem suas próprias opções, e as mais perigosas para uma educação da liberdade são as que se transmitem com o rótulo da autoridade pedagógica, sem revelar-se como opções. Além disso, todo sistema educacional origina-se de opções, de imagens, de uma concepção do mundo, de certos modelos de pensamento e de ação que se tenta impor como melhores que outros. Quando tal sistema oculta o aspecto convencional, e mesmo arbitrário, dos padrões que ele tem a tarefa de tornar assimilados, está ocultando uma prática que contribui, no fundo (conforme mostram as pesquisas), para beneficiar os detentores desta que é a cultura do poder.

Nessa perspectiva, a antropologia que pretende promover a libertação do homem acaba por exigir e comandar uma política. Toda antropologia exige uma política, pelo fato de não ser neutra e por significar uma opção que quer se realizar ao lado, apesar de ou em oposição às outras opções científicas que transmitem outras visões de mundo. Assim, uma antropologia que pretende estar a serviço da libertação do homem tem consciência de que a dominação se serve da ciência oficial — e muitas vezes da ciência que se diz neutra — para impor sua vontade.

Mas a antropologia também comanda uma política, num sentido mais positivo, na medida em que, apesar de engajada, não tem pretensões partidárias (visando simplesmente o poder pelo poder). Tal antropologia busca a verdade: uma verdade que liberta o homem da opressão, da ignorância, da dominação sobre a natureza e, principalmente, da escravidão humana. Compreendida assim, ela não pode pretender ingenuamente que nenhuma utilização política seja feita de suas descobertas e investigações, mas pode apenas demonstrar, pela prática, que não cede em hipótese alguma à força de um poder, nem às manipulações da ação política; por outro lado, que ela se propõe como perpétua renovação, esforço de lucidez para uma libertação de si mesma e dos outros.[1]

Uma análise precisa da relação professor-aluno em todos os âmbitos — na escola ou fora dela — revela seu caráter essencialmente narrativo. Essa relação supõe um sujeito narrador, o professor, e objetos pacientes que escutam, os alunos. O conteúdo, sejam valores ou dimensões empíricas da realidade, tende a se tornar sem vida e a petrificar-se ao ser enunciado. A educação sofre de uma enfermidade da narração.

O professor fala da realidade como se ela fosse desprovida de movimento, estática, compartimentada e previsível; ou trata de um assunto estranho à experiência existencial dos alunos: sua função seria então "preencher" os alunos com o conteúdo da narração, conteúdo separado da realidade, cortado da totalidade que o engendrou e que poderia lhe dar um sentido.

A educação se torna, assim, "o ato de depositar", no qual os alunos são os depositários e o professor, aquele que deposita.

---

1. Alberto Silva, "La pédagogie de Paulo Freire", *Études*, dez. 1970.

CONSCIENTIZAÇÃO

131

Em vez de comunicar, o professor dá comunicados e faz colocações que os alunos recebem passivamente, aprendem e repetem. Trata-se de uma concepção "acumulativa" da educação (*banking-concept*).

Na concepção acumulativa da educação, o conhecimento é um dom concedido por aqueles que se consideram seus detentores àqueles que eles consideram como os que não sabem nada. Projetar uma ignorância absoluta sobre os outros é característico de uma ideologia de opressão, o que constitui uma negação da educação e do conhecimento como processo de pesquisa. O professor se apresenta a seus alunos como seu contrário necessário; considerando que a ignorância deles é absoluta, ele justifica sua própria existência. Os alunos, alienados como o escravo da dialética hegeliana, aceitam a própria ignorância como justificativa da existência do professor, mas, ao contrário do escravo, eles jamais descobrem que educam o professor.

A educação acumulativa mantém, ou mesmo reforça, as contradições mediante as seguintes práticas e atitudes, que refletem a sociedade opressora em sua totalidade:

a) O professor ensina, os alunos são ensinados.

b) O professor sabe tudo, os alunos não sabem nada.

c) O professor pensa, e pensa para os alunos.

d) O professor fala, e os alunos escutam.

e) O professor faz a disciplina, e os alunos são disciplinados.

f) O professor escolhe, faz valer sua escolha, e os alunos se submetem.

g) O professor age, e os alunos têm a ilusão de agir pela ação do professor.

h) O professor escolhe o conteúdo do programa de aula, e os alunos — que não foram consultados — se adaptam a ele.

i) O professor confunde a autoridade do conhecimento com sua própria autoridade profissional, que ele contrapõe à liberdade dos alunos.

j) O professor é o sujeito do processo de formação, enquanto os alunos são simples objetos dele.

O método acumulativo de educação de adultos, por exemplo, jamais proporá aos alunos considerarem a realidade de maneira crítica. Os que utilizam um método acumulativo, conscientemente ou não — pois há muitos professores "empregados de banco" bem-intencionados, que não sabem que estão servindo apenas à desumanização —, não percebem que os próprios "depósitos" contêm contradições sobre a realidade. Mas, cedo ou tarde, essas contradições podem levar alunos antes passivos a se levantar contra a própria domesticação e a tentar domesticar a realidade. Eles podem descobrir, pela própria experiência existencial, que seu modo de vida atual é inconciliável com sua vocação a serem plenamente humanos. Eles podem perceber, por suas relações com a realidade, que ela verdadeiramente está em evolução, em transformação contínua. Se os homens são investigadores e sua vocação ontológica é a humanização, cedo ou tarde eles podem perceber a contradição na qual a educação acumulativa procura mantê-los, e engajar-se então na luta pela própria libertação.

Mas o educador humanista revolucionário não pode esperar que essa possibilidade se apresente. Desde o início, seus esforços devem se unir aos dos estudantes para engajar-se num pensamento crítico e numa busca por uma humanização mútua. Seus esforços devem estar acompanhados por uma profunda confiança nos homens e em seu poder criador. Para obter tal resultado, ele deve ser o semelhante dos alunos em suas relações com eles.

A concepção acumulativa não pode admitir tal igualdade — e isso necessariamente. Resolver a contradição professor-aluno, trocar o papel daquele que deposita, prescreve, domestica, pelo papel de aluno entre os alunos equivale a minar o poder de opressão e servir à causa da libertação.

A educação problematizadora tem como fundamento a criatividade e estimula uma ação e uma reflexão verdadeira sobre a realidade, respondendo assim à vocação dos homens, que só são seres autênticos quando estão engajados na busca e transformação criadoras. Para sintetizar: a teoria e a prática acumulativas, enquanto forças de imobilização e fixação, não reconhecem os homens como seres históricos; a teoria e a prática críticas tomam a historicidade do homem como ponto de partida.

A educação crítica considera os homens como seres em transformação, como seres inacabados, incompletos, em uma realidade, e com uma realidade igualmente inacabada. Ao contrário de outros animais, também inacabados, mas que não são históricos, os homens sabem que estão inacabados. Têm consciência de seu inacabamento e, nesse inacabamento, bem como na consciência que têm dele, encontram-se as próprias raízes da educação como fenômeno puramente humano. O caráter inacabado dos homens e o caráter evolutivo da realidade exigem que a educação seja uma atividade contínua.

A educação, assim, se refaz constantemente na práxis. Para ser, ela precisa vir a ser. Sua "duração" — no sentido bergsoniano do termo — se encontra no jogo de contrários: estabilidade e mudança. O método acumulativo reforça a estabilidade, tornando-se reacionário; a educação problematizadora — que não admite nem um presente "bem conduzido" nem um futuro predeterminado — se enraíza no presente dinâmico, tornando-se revolucionário.

A educação crítica é a "futuridade" revolucionária. Sendo profética — enquanto tal, portadora de esperança —, corresponde à natureza histórica do homem. Ela afirma que os homens são seres capazes de se superar, que vão adiante e olham o futuro; seres para os quais a imobilidade representa um risco fatal, para os quais olhar o passado deve ser apenas um modo de compreender com maior clareza quem eles são e o que são para poder construir o futuro com mais sabedoria. Assim, ela se identifica com o movimento que engaja os homens como seres conscientes da própria incompletude — movimento histórico que encontra seu ponto de partida e seus temas a partir de seu objetivo.

O ponto de partida se encontra nos próprios homens. Mas, porquanto eles não existem fora do mundo, fora da realidade, o movimento deve começar com a relação homem-mundo. Por conseguinte, o ponto de partida deve estar sempre com os homens no "aqui e agora", que constitui a situação dentro da qual eles estão imersos, da qual emergem e na qual intervêm. É apenas partindo dessa situação — o que determina a percepção que eles têm disso — que eles podem começar a agir. Para fazê-lo de maneira autêntica, eles não devem perceber o estado em que se encontram como inevitável e imutável, mas apenas como algo que os limita e, portanto, desafia.

A educação problematizadora não serve e não pode servir aos interesses do opressor. Nenhuma ordem opressora poderia permitir aos oprimidos começarem a fazer qualquer questionamento; por quê? Uma vez que só uma sociedade revolucionária pode praticar essa educação de maneira sistemática, os líderes revolucionários não devem adquirir plenos poderes antes de estar em condições de empregar o método. No processo revolucionário, os líderes não podem utilizar o método acumulativo como medida momentânea, justificada pelas necessidades da causa, com a intenção de atuar posteriormente de maneira deveras revolucionária. Eles devem ser revolucionários — ou seja, homens de diálogo — desde o início.

O diálogo é o encontro entre os homens, intermediado pelo mundo, para nomear esse mundo. Se é por meio da palavra, ao nomear o mundo, que os homens o transformam, o diálogo se impõe como o caminho pelo qual os homens encontram o significado de serem homens. Logo, o diálogo se constitui como uma necessidade existencial. Sendo ele o encontro no qual a reflexão e a ação indissolúveis daqueles que dialogam se voltam para o mundo a ser transformado e humanizado, não pode se limitar ao fato de uma pessoa "depositar" ideias em outra, como também não pode se tornar uma simples troca de ideias, que "seriam consumidas" por aqueles que estão conversando. Também não consiste numa discussão hostil, entre homens que não estão engajados na nomeação do mundo, nem na busca da verdade, e sim, ao contrário, na imposição da própria verdade.

O diálogo não pode existir sem um amor profundo pelo mundo e pelos homens. A nomeação do mundo, que é um ato de criação e recriação, não é possível se não estiver plena de amor, que é, ao mesmo tempo, o fundamento do diálogo e o próprio diálogo. Este deve necessariamente unir sujeitos responsáveis e não pode existir numa relação de dominação. A dominação revela um amor patológico: sadismo, por parte do dominador, e masoquismo, por parte do dominado. Pelo fato de ser um ato de coragem, e não de medo, o amor é engajamento em relação aos outros homens.

Por outro lado, o diálogo não pode existir sem humildade. A nomeação do mundo, mediante a qual os homens o recriam constantemente, não pode ser um ato de arrogância. O diálogo, como encontro dos homens cuja meta em comum seja aprender e agir, é rompido quando as partes — ou uma delas — carecem de humildade.

O diálogo também exige uma fé profunda no homem, em seu poder de fazer e refazer, criar e recriar; fé em sua vocação a ser mais plenamente humano, o que não constitui o privilégio de uma elite, mas o direito de nascença de todos os homens. A fé no homem é uma exigência *a priori* para o diálogo; "o homem de diálogo" crê nos outros homens, mesmo antes de encontrá-los face a face. Sua fé, entretanto, não é ingênua. "O homem de diálogo" é crítico e sabe que, não obstante tenha o poder de criar e transformar, é possível impedir os outros homens de fazerem uso desse poder numa situação concreta de alienação.

Seria uma contradição na definição de diálogo se ele, ainda que pleno de amor, humildade e fé, não produzisse esse clima de confiança mútua que conduz aqueles que dialogam a colaborar cada vez mais de perto na nomeação do mundo.

O diálogo também não pode existir sem esperança, que está enraizada na incompletude dos homens, da qual eles procuram escapar, numa busca constante, que só pode ser levada a cabo em comunhão com outros homens. O desespero é uma forma de silêncio, uma maneira de não reconhecer o mundo e dele fugir. A desumanização, que resulta de uma ordem injusta, não é motivo de desespero, mas de esperança, levando a buscar sem cessar a humanidade da qual a injustiça priva os homens.

A esperança, entretanto, não consiste em cruzar os braços e ficar aguardando. À medida que luto, sou movido pela esperança. Se luto com esperança, então posso aguardar. Como encontro de homens que procuram ser o mais lucidamente possível humanos, o diálogo não pode ser praticado num clima de desespero. Se aqueles que dialogam não esperam nada de seus esforços, seu encontro será vazio, estéril, burocrático e enfadonho.

Finalmente, o verdadeiro diálogo não pode existir se os que dialogam não se engajarem num pensamento crítico —

pensamento que distingue a solidariedade indivisível entre o mundo e os homens e não admite que eles possam ser separados; pensamento que percebe a realidade como um processo em evolução, em transformação, e não como uma entidade estática; pensamento que não se aparta da ação, mas mergulha sem cessar na temporalidade, sem medo dos riscos que se possa correr.

Mais uma vez, quero salientar que não existe dicotomia entre diálogo e ação revolucionária. Não há uma etapa para o diálogo e outra para a revolução. Ao contrário, o diálogo é a própria essência da ação revolucionária. Na teoria dessa ação, os atores agem de maneira intersubjetiva sobre um objeto — realidade que os intermedeia —, tendo a humanização dos homens como objetivo.

A ação política ao lado dos oprimidos deve ser uma ação pedagógica, no verdadeiro sentido da palavra; portanto, uma ação com os oprimidos. Os que trabalham pela libertação não devem aproveitar-se da dependência emocional dos oprimidos, a qual é fruto de uma situação concreta de dominação, que é a deles, e que determinou neles uma visão inautêntica do mundo. Utilizar a dependência que os constitui para dar origem a uma dependência ainda maior é a tática do opressor.

A ação libertadora necessita reconhecer essa dependência como ponto fraco, buscando transformá-la em independência pela reflexão e pela ação. Entretanto, mesmo os líderes mais bem-intencionados não podem dar a independência de presente. A libertação dos oprimidos é uma libertação de homens, e não de coisas. Por conseguinte, assim

CONSCIENTIZAÇÃO

como ninguém pode se libertar apenas pelos próprios esforços, ninguém pode ser libertado pelos outros. Enquanto fenômeno humano, a libertação não pode ser obtida por semi-humanos. Sempre que tratados como semi-humanos, os homens se desumanizam. Quando os homens já estão desumanizados, por conta da opressão de que padecem, não carece lançar mão de métodos de desumanização para que alcancem a libertação.

O método correto a ser empregado pelos líderes revolucionários em benefício da libertação não deve ser uma propaganda libertária. Os líderes também não podem se contentar em "insuflar" nos oprimidos uma crença na liberdade, pensando assim ganhar a confiança deles. O diálogo é o método correto. A convicção que os oprimidos têm de que devem lutar pela libertação não é um dom dos líderes revolucionários, mas o resultado da própria conscientização. Os líderes revolucionários precisam compreender que a própria convicção da necessidade de uma luta — dimensão indispensável da sabedoria revolucionária —, quando for autêntica, não lhes foi dada por ninguém mais. Essa convicção não pode ser empacotada e vendida, mas alcançada por meio de uma ação e uma reflexão conjuntas. Foi a própria inserção dos líderes na realidade, numa situação histórica, que os levou a criticá-la e a querer mudá-la.

Ao fazer essas considerações, queremos defender o caráter eminentemente pedagógico da revolução. Em todas as épocas, os líderes revolucionários que afirmaram que os oprimidos precisam aceitar a luta pela libertação — o que é evidente — reconheceram implicitamente, por conseguinte, o caráter pedagógico dessa luta.

A luta começa quando os homens reconhecem que foram destruídos. A propaganda, a gestão, a manipulação — que são as armas da dominação — não podem ser os instrumentos de sua reumanização. O único instrumento válido é uma pedagogia humanizadora, na qual os líderes revolucionários estabelecem uma relação permanente de diálogo com os oprimidos. O método de uma pedagogia humanizadora já não é mais um instrumento pelo qual os professores (os líderes revolucionários) podem manipular os alunos (os oprimidos), na medida em que expressa a consciência dos próprios alunos.

Na realidade, o método é a forma exterior da consciência que se manifesta por atos, que assume a propriedade fundamental da consciência: a intencionalidade. A essência da consciência é estar com o mundo, e essa conduta é contínua e inevitável. Consequentemente, a consciência é, em essência, um "caminho para" algo fora dela mesma, que a rodeia e que ela apreende por seu poder de "ideação". Portanto, a consciência é, por definição, um método no sentido mais geral da palavra.

Os líderes revolucionários devem praticar uma educação cointencional. Professores e alunos (nesse sentido, os líderes e o povo) têm uma intenção sobre a realidade, ambos são igualmente sujeitos, não apenas para desvelá-la — e, portanto, conhecê-la de maneira crítica —, mas também para recriar esse conhecimento. Quando obtêm esse conhecimento da realidade por uma reflexão e uma ação comuns, descobrem que são seus recriadores permanentes. Dessa maneira, a

TEORIA DA AÇÃO REVOLUCIONÁRIA

INTERSUBJETIVIDADE

Sujeitos-atores   Atores-sujeitos
(líderes revolucionários)   (os oprimidos)

INTERAÇÃO

Objeto que   Realidade a   Objeto que
intermedeia   transformar   intermedeia

para

Objetivo

a humanização   Objetivo
como processo
permanente

TEORIA DA AÇÃO OPRESSORA

ATORES-SUJEITOS
(as elites dominantes)

Objeto — a realidade   Objeto — os oprimidos
a ser mantida   (como parte da realidade)

para

Objetivo — a manutenção da opressão

presença dos oprimidos na luta pela libertação será aquilo que deve ser: não uma pseudoparticipação, mas uma ação engajada.[2]

Ação cultural e revolução cultural

Numa perspectiva não dualista, o pensamento e a linguagem que integram um todo se referem sempre à realidade do sujeito pensante. O pensamento-linguagem autêntico se engendra numa relação dialética entre o sujeito e sua realidade cultural histórica e concreta. Nos processos culturais alienados que caracterizam as sociedades dependentes ou sociedades-objeto, o próprio pensamento-linguagem é alienado. Como resultado disso, durante os períodos de alienação mais intensos essas sociedades não têm um pensamento autêntico e que lhes seja próprio. A realidade tal qual pensada não corresponde à realidade objetivamente vivida, mas à realidade na qual o homem alienado imagina se encontrar. Esse pensamento não é um instrumento válido nem na realidade objetiva à qual o homem alienado não está ligado enquanto sujeito pensante, nem na realidade imaginada e esperada.

Dissociado da ação que pressupõe um pensamento autêntico, esse modo de pensamento se perde em palavras falsas e ineficazes. Irresistivelmente atraído pelo estilo de vida da

---

2. *Pedagogia do oprimido*, capítulos 1, 2 e 3.

sociedade dominante, o homem alienado é um ser nostálgico, jamais verdadeiramente inserido em seu mundo. Parecer, muito mais do que ser, é um de seus desejos alienados. Seu pensamento e a maneira pela qual ele expressa o mundo são geralmente reflexos do pensamento e da expressão da sociedade dominante. Sua cultura alienada o impede de compreender que seu pensamento e sua expressão do mundo não podem ser aceitos além de suas fronteiras, a menos que ele seja fiel a seu mundo particular. É apenas à medida que ele sente e conhece de maneira reflexiva seu próprio mundo particular, por tê-lo sentido como a mediação de uma práxis coletiva transformadora, que seu pensamento e sua expressão terão um significado além desse mundo.

Suponhamos que devêssemos apresentar a grupos das classes dominadas as codificações que representam a imitação que fazem dos modelos culturais dos dominadores — uma tendência natural da consciência oprimida num momento determinado. As pessoas dominadas, num movimento de autodefesa, provavelmente não reconhecerão a verdade da codificação.

Entretanto, aprofundando-se na análise, elas começariam a compreender que a imitação aparente dos modelos dos dominadores é o resultado da interiorização desses modelos; sobretudo mitos de "superioridade" das classes dominantes que fazem os dominados se sentirem inferiores. O que, na realidade, é pura interiorização, parece ser imitação no âmbito de uma análise ingênua. No fundo, quando as classes dominadas reproduzem o estilo de vida dos dominadores, quer dizer que os dominadores vivem "nos" dominados. Os dominados só podem rejeitar os dominadores ao distanciar-se deles. Somente então podem reconhecê-los como sua antítese.

Na medida em que a interiorização dos valores dos dominadores não é apenas um fenômeno individual, mas social e cultural, deve-se efetuar uma rejeição deles mediante uma ação cultural em que a cultura nega a cultura. A cultura, ou seja, um produto interiorizado que condiciona os atos ulteriores dos homens, deve se tornar objeto de conhecimento para eles, a fim de que possam perceber o poder de condicionamento nela presente. A ação cultural ocorreu no âmbito da superestrutura.

Ela só pode ser compreendida por aquilo que Althusser designa como "a dialética da sobredeterminação". Essa ferramenta analítica nos impede de recorrer a explicações mecanicistas ou, muito pior, a uma ação mecanicista. Tendo compreendido isso, não é de espantar que os mitos culturais permaneçam quando a infraestrutura foi transformada, mesmo pela revolução.

Quando a criação de uma nova cultura, apesar de apropriada, é impedida por um "resíduo" cultural interiorizado, este deve ser expulso, com os mitos nele implicados, por meios culturais. A ação cultural e a revolução cultural constituem, em diferentes momentos, os modos dessa expulsão.

Os alunos necessitam descobrir as razões que se ocultam por trás da maior parte de suas atitudes em face da realidade cultural, para assim colocar-se diante dela de uma maneira nova. A "readmiração" da "admiração" que possuíam é necessária para provocar essa mudança. Os alunos adquirem uma capacidade de conhecimento crítico — muito além da simples opinião —, ao desvelar suas relações com o mundo histórico-cultural no qual e com o qual existem.

Uma pedagogia utópica de denúncia e anúncio como a nossa deverá ser um ato de conhecimento da realidade denunciada nos âmbitos da alfabetização e da pós-alfabetização, que são, em ambos os casos, uma ação cultural. Por isso se dá tanta ênfase à problematização contínua das situações existenciais dos alunos, tais quais representadas nas imagens codificadas. Quanto mais a codificação progride, mais os sujeitos penetram a essência do objeto problematizado, e mais capazes se tornam de desvelar essa essência. Quanto mais a desvelam, mais profunda se torna sua consciência nascente, conduzindo assim as classes pobres à conscientização da situação.

A autoinserção crítica delas na realidade, ou seja, sua conscientização, torna a transformação de seu estado de apatia em estado utópico de denúncia e anúncio um projeto "viável".

O projeto revolucionário conduz a uma luta contra as estruturas opressoras e desumanizadoras. Uma vez que ele busca a afirmação de homens concretos que se libertam, toda concessão irrefletida aos métodos do opressor representa sempre um perigo e uma ameaça ao projeto revolucionário. Os próprios revolucionários devem exigir de si mesmos uma coerência muito forte.

Enquanto homens, eles podem cometer erros, podem se equivocar, mas não podem agir como reacionários e se chamar de revolucionários. Devem adaptar a própria ação às condições históricas, tirando proveito das possibilidades reais e únicas que existem. Devem buscar os meios mais eficazes e mais adequados para ajudar as pessoas a passar dos níveis de consciência semi-intransitiva ou transitivo-ingênua no nível da consciência crítica. Essa preocupação, que é autenticamente libertadora, está presente no próprio projeto revolucionário.

Tendo sua fonte na práxis dos líderes e dos homens da base, todo projeto revolucionário é fundamentalmente "ação cultural" tornando-se "revolução cultural".

A conscientização é mais que uma simples tomada de consciência, pressupondo ao mesmo tempo a superação "da falsa consciência", ou seja, de um estado de consciência semi--intransitiva ou transitivo-ingênua e uma melhor inserção crítica da pessoa conscientizada numa realidade desmitificada.

Por isso, a conscientização é um projeto impossível de ser realizado pela direita, que é, por natureza, incapaz de ser utópica, não podendo, portanto, praticar uma forma de ação cultural que levaria à conscientização. Não pode haver conscientização das pessoas sem uma denúncia radical das estruturas desumanizadoras, unida à proclamação de uma realidade nova que os homens podem criar. A direita não pode se desmascarar, nem dar ao povo os meios de desmascará-la mais do que ela desejaria. Quando a consciência popular se esclarece, a própria consciência dela aumenta, mas essa forma de conscientização não pode se transformar numa práxis que conduz à conscientização das pessoas. Não pode haver conscientização sem denúncia das estruturas injustas, e isso não pode ser esperado da direita. Também não é possível haver conscientização popular para a dominação. É tão somente para a dominação que a direita inventa novas formas de ação cultural.

Assim, os dois tipos de ação cultural são antagônicos. Enquanto a ação cultural para a liberdade se caracteriza pelo diálogo e seu alvo principal é conscientizar as massas, a ação cultural para a dominação se opõe ao diálogo e serve para domesticar as massas. Uma problematiza, a outra lança *slogans*. Estando a ação cultural para a liberdade engajada no desvelamento científico da liberdade, ou seja, na exposição dos mitos e das ideologias, ela deve separar a ideologia da ciência. Althusser insiste nessa separação necessária.

A ação cultural para a liberdade não pode se contentar nem com "mitificações da ideologia", como ele as chama, nem com uma "simples denúncia moral dos mitos e erros", mas deve realizar uma "crítica racional e rigorosa (da ideologia)". O papel fundamental dos que estão engajados numa ação cultural pela conscientização não é propriamente o de fabricar a ideia libertadora, mas de convidar os homens a apreender com o espírito a verdade de sua realidade.

Os limites da ação cultural são fixados pela própria realidade de opressão e pelo silêncio imposto pela elite no poder. Logo, a natureza da opressão determina a tática que é necessariamente diferente daquela empregada pela revolução cultural. Ao passo que a ação cultural para a liberdade afronta o silêncio, ao mesmo tempo como um fato externo e como uma realidade interna, a revolução cultural o afronta somente como uma realidade interna. Tanto a ação cultural para a liberdade como a revolução cultural representam um esforço de recusa da cultura dominante no plano cultural, antes mesmo de essa nova cultura que provém da recusa se tornar realidade. Até mesmo a nova realidade cultural torna-se continuamente objeto de alguma recusa em proveito da afirmação crescente dos homens. Entretanto, na revolução cultural, essa recusa se produz ao mesmo tempo que o nascimento da nova cultura no interior da antiga.

A ação cultural e a revolução cultural pressupõem a comunhão entre os líderes e o povo enquanto sujeitos transformadores da realidade. Na revolução cultural, a comunhão é tão intensa que os líderes e o povo se tornam como um único corpo controlado por uma observação permanente de si mesmo.

A ação cultural e a revolução cultural têm como fundamento um conhecimento científico da realidade, mas na revolução cultural a ciência não se encontra mais a serviço da dominação. Em ambos os domínios, contudo, não existe distinção entre a ação cultural para a liberdade e a revolução cultural. Ambas, com efeito, estão engajadas na conscientização, e o fato de serem necessárias se explica pela "dialética da sobredeterminação".

Já falamos do desafio que há pouco se lançou à América Latina em sua evolução histórica. Acreditamos que outras regiões do Terceiro Mundo correspondam a nossa descrição,

CONSCIENTIZAÇÃO

149

conquanto cada uma tenha traços particulares. Se os caminhos seguidos por elas tiverem de conduzir à libertação, elas não podem passar ao largo da ação cultural para a conscientização.

Antes de definir os dois momentos distintos, mas essencialmente ligados, da ação cultural e da revolução cultural, façamos um resumo de nossas ideias precedentes sobre os níveis de consciência. Estabelecemos uma relação explícita entre a ação cultural para a liberdade, cujo empreendimento principal é a conscientização, e a superação dos estados de consciência semitransitivos e transitivo-ingênuos pela consciência crítica. Não é possível chegar à consciência crítica unicamente pelo esforço intelectual, mas, sim, pela práxis — pela união autêntica da ação e da reflexão. Não se pode negar aos homens tal ação reflexiva. Ao fazê-lo, os homens não passariam de piões ativistas nas mãos dos líderes, que se reservariam o direito de tomar decisões. A esquerda autêntica não pode deixar de favorecer a superação da falsa consciência dos homens, em qualquer âmbito que ela exista, ao passo que a direita é incapaz de fazê-lo. Para manter seu poder, a direita precisa de uma elite que pense para ela e a ajude a realizar seus projetos. Os líderes revolucionários necessitam dos homens para fazer do projeto revolucionário uma realidade, mas de homens que se tornem cada vez mais conscientes de maneira crítica.

Quando a realidade revolucionária assume forma, a conscientização continua sendo indispensável. É ela o instrumento que serve para eliminar os mitos culturais que permanecem no espírito das massas, apesar da realidade nova. Além disso, ela é uma força de oposição à burocracia que ameaça matar a visão revolucionária e que domina as pessoas, mesmo em nome de sua liberdade. Por fim, a conscientização é uma defesa contra outra ameaça, a da mitificação potencial da tecnologia, da qual a nova sociedade precisa para transformar suas infraestruturas retardatárias.

Duas direções possíveis se colocam diante da consciência popular transitiva. A primeira é de passar de um estado de consciência ingênua a um nível de consciência crítica — o "máximo de consciência potencial" de Goldman. A segunda é a passagem do estado de consciência transitiva a sua forma patológica, qual seja, da consciência fanática "ou irracional". Essa forma tem um caráter mítico que substitui o caráter mágico dos estados de consciência semi-intransitivos e transitivo--ingênuos. A "massificação" — fenômeno das sociedades de massa — começa nesse nível. A sociedade de massa não deve ser associada à ascensão das massas no processo histórico, como uma visão aristocrática do fenômeno poderia apresentar.

É verdade que a ascensão das massas, com suas exigências e requisições, as torna presentes no processo histórico, por mais ingênua que seja a consciência delas — fenômeno esse que acompanha o rompimento das sociedades fechadas em decorrência das primeiras mudanças na infraestrutura. Todavia, a sociedade de massa surge muito mais tarde. Ela aparece em sociedades complexas e altamente tecnicizadas. Para funcionar, elas precisam de especialidades que se tornam "especialismos" e de racionalidade que se corrompe em irracionalismo, criador de mitos.

Se considerarmos que a tecnologia não é apenas necessária, mas representa uma parte do desenvolvimento natural do homem, a questão que se coloca aos revolucionários é aquela de saber como evitar os desvios míticos da tecnologia. As técnicas de "relações humanas" não constituem a resposta, pois, em última análise, nada mais são do que outra maneira de domesticar e alienar os homens, para que sirvam a uma produtividade cada vez maior. Por essa razão, e outras que expusemos ao longo deste ensaio, insistimos na ação cultural em favor da liberdade. No entanto, não atribuímos à conscientização um poder mágico, o que seria mitificá-la. A conscientização não é uma varinha de condão para os revolucionários, mas uma dimensão fundamental de sua ação reflexiva. Se os homens não fossem "entidades conscientes" capazes de agir e perceber, de saber e recriar; se não fossem conscientes de si mesmos e do mundo: a ideia de conscientização não teria nenhum sentido — assim como a ideia de revolução. Revoluções são realizadas para libertar os homens, precisamente porque eles são capazes de saber que são oprimidos e de estar conscientes da realidade opressiva em que vivem.

Mas, conforme vimos, uma vez que a consciência dos homens é condicionada pela realidade, a conscientização é, em primeiro lugar, um esforço para libertá-los dos obstáculos que os impedem de ter uma percepção clara da realidade. Nesse sentido, a conscientização dá prosseguimento à recusa dos mitos culturais que turvam a consciência dos homens, fazendo deles seres ambíguos.

Pelo fato de os homens serem seres históricos incompletos e que têm consciência de tal incompletude, a revolução constitui uma dimensão humana tão natural e permanente quanto a educação. Uma mentalidade mecanicista pensa que a educação pode cessar a certa altura, ou que a revolução pode ser interrompida depois de obter o poder. Para ser autêntica, uma revolução tem de consistir num acontecimento contínuo; caso contrário, deixará de ser uma revolução, tornando-se uma burocracia esclerosada.

A revolução é sempre cultural, quer durante a fase de denúncia de uma sociedade opressora e de proclamação do advento de uma sociedade justa, quer durante a fase na qual inaugura uma sociedade nova. Na nova sociedade, o processo revolucionário se torna revolução cultural.

Para concluir, expliquemos as razões pelas quais nos referimos a ação cultural e revolução cultural como momentos distintos do processo revolucionário. A ação cultural em favor da liberdade se contrapõe à elite dominante no poder, ao passo que a revolução cultural se desenvolve em concordância com o regime revolucionário — embora isso não signifique que ela esteja subordinada ao poder revolucionário. Toda revolução cultural tem a liberdade como meta; a ação cultural, ao contrário, se conduzida por um regime opressor, pode ser uma estratégia de dominação — nesse caso, jamais poderá tornar-se revolução cultural.[3]

---

3. Paulo Freire, "Cultural action for freedom", em *Harvard Education Review*, Cambridge, Massachusetts, 1970.

QUARTA PARTE

Prospectivas

INSCRITO NESTA PESQUISA: O INODEP

O INODEP (Instituto Ecumênico para o Desenvolvimento dos Povos) canaliza suas energias na direção de três utopias: utopia cristã, utopia intercultural, utopia pedagógica.

Se Cristo e seu Evangelho têm algo a dizer hoje, no que diz respeito à libertação do homem e dos homens, depreende-se disso uma exigência permanente que implica, para todo cristão e toda assembleia de cristãos, partir para a ação. O INODEP deve extrair daí a coragem de uma constante reflexão sobre seu serviço.

Se uma consciência de mundo tiver de existir um dia, e se o diálogo tiver de se estabelecer entre as raças e os povos, é preciso que se concretizem encontros que permitam delimitar as diferenças, muito mais que negá-las, como também fazer o aprendizado do enfrentamento, muito mais que evitá-lo. O INODEP quer ser um crisol intercultural e ecumênico.

Se a educação tiver um dia de ser permanente e popular, será pelo fato de se ter reconhecido que cada pessoa tem algo a oferecer aos outros. Se o conhecimento é privilégio de alguns, a experiência pertence a todo mundo. É partindo do vivenciado de cada um que o INODEP espera viver uma pedagogia indutiva, a partir de permutas e criações em comum.

Especificidades

Serviço

O INODEP, cujo projeto tomou corpo em abril de 1970, pretende responder, segundo os meios de que dispõe, a uma das necessidades mais urgentes do mundo atual: a libertação dos homens, concebida como um processo permanente.

As metas que ele se impôs, para buscar as respostas mais adequadas às questões que surgem das situações locais concretas, são flexíveis e diversificadas.

Plataforma de encontro

O INODEP pretende:

— oferecer aos cristãos, ou a toda pessoa que aceite uma referência evangélica libertadora, uma oportunidade de confronto que lhes permita colocar em causa seus engajamentos pessoais e institucionais;

— suscitar a análise crítica, em âmbito internacional, dos problemas vividos localmente;

CONSCIENTIZAÇÃO

- permitir que se abordem e se tratem os problemas do desenvolvimento em sua totalidade, favorecendo a superação dos limites disciplinares, profissionais e culturais;
- favorecer a convergência de grupos ou pessoas que tenham os mesmos objetivos, na ação, estando claro que a dimensão política é inerente a toda mudança de estrutura.

Instância de reflexão-ação

O INODEP promove uma pedagogia indutiva, que visa a suscitar a capacidade crítica e criativa dos indivíduos e dos grupos. Ele põe em execução um processo de coeducação no qual se privilegia a experiência:

- expressão comum das abordagens e objetivos de cada um;
- provocação recíproca à análise, à síntese, à proposição de soluções;
- busca de uma metodologia da mudança, reforçando as redes de relação e elaboração de linhas de ação.

Organização

O INODEP é uma associação internacional de direito suíço. Assim como o Centro Intercultural de Paris é gerado por uma associação INODEP-França, os Centros regionais que forem criados no futuro terão *status* jurídico próprio, em consonância com o direito do país de implantação.

O INODEP criou uma rede de apoio — pessoas, grupos ou organizações — cujo papel é determinante, sobretudo no que diz respeito à adequação entre as necessidades efetivas do local e o projeto INODEP, à preparação da equipe ou dos representantes de comunidades de base que participam dos encontros de formação; essa rede garante igualmente uma reinserção eficaz dessas pessoas em seus países de origem.

A avaliação permanente, no âmbito da organização de conjunto, permite sempre melhor definir as orientações e os programas de ação que a equipe central de animação deve assumir e pôr em prática.

Os tipos de intervenção

A alternância, proposta pelo INODEP, entre local de trabalho/centro intercultural/local de trabalho obriga a privilegiar, como participantes dos encontros de formação, adultos que tiveram alguma experiência com trabalho de base, representando grupos engajados na transformação de estruturas e mentalidades, numa ótica de desenvolvimento-
-libertação.

A partir do confronto de suas experiências, da análise crítica de suas ações, da busca por soluções novas, esses adultos poderão, ao retornar a seus locais de origem, atuar numa perspectiva nova, sendo assim novos multiplicadores de "conscientização".

Os *Encontros de Formação Interculturais Longos* se realizam em três fases: de seis a oito meses de preparação no local; permanência de seis meses no Centro Intercultural; retornando ao local, o participante é acompanhado pela equipe e os apoiadores do INODEP durante o primeiro ano de retomada da ação. Esse encontro de formação é feito em inglês, espanhol e francês.

Os *Encontros de Formação Curtos* duram de três a dez dias, tratando de temas como a conscientização, as relações interpessoais, a organização a serviço da ação etc.

Os *Encontros de Formação para Missionários* ocorrem no Centro Intercultural de Paris, durando de seis a oito semanas. Têm como objetivo ajudar os missionários a repensar sua ação e orientação.

As *intervenções/participações* são garantidas pela equipe INODEP ou membros da equipe, a partir de necessidades expressas por grupos de diversos continentes, sobre problemas pontuais, que exijam métodos de abordagem especializada.

O COMPROMISSO DE PAULO FREIRE JUNTO AO INODEP

Em dezembro de 1970, os objetivos do INODEP eram estabelecidos por ocasião de um colóquio[1] que reuniu em Chantilly, perto de Paris, em torno de sessenta pessoas representando 23 países da África, América Latina, Ásia, Europa, assim como organizações de pesquisa e formação em favor do desenvolvimento.

Paulo Freire, que colaborou na preparação desse colóquio, participou de seus trabalhos e, durante uma de suas intervenções, expressou as razões de seu engajamento junto ao INODEP:

> Estou cada vez mais convencido da necessidade de dar testemunho, por meio de uma prática objetiva, de nossa opção pela verdadeira libertação dos homens. Por outro lado, estou cada vez mais preocu-

---

1. O relatório do colóquio (oitenta páginas) foi publicado em inglês, espanhol e francês. Atualmente esgotado em francês, é possível consultá-lo junto ao Serviço de Documentação do INODEP (32-34, avenue Reille, Paris 14ème).

pado em desmitificar o que se chama conscientização. Isso é particularmente importante, sobretudo para nós, latino-americanos, que demos grande ênfase à conscientização. É preciso suprimir milhares de equívocos, para poderem ser resgatados o verdadeiro sentido e a prática da conscientização.

Como eu disse na América Latina, nos Estados Unidos e na Europa, fala-se constantemente da conscientização como se ela fosse uma espécie de varinha de condão que, ao tocar a realidade, acabaria por transformá-la, de acordo com nosso gosto "burguês". A conscientização aparece a muitos grupos como se tivesse nascido para evitar as transformações radicais do mundo, e para fazer o milagre impossível de "humanizar" os homens, sem mudar a realidade objetiva.

Pareceu-me oportuno, entre outras coisas, começar por outros frontes a desmistificação da conscientização, tentando destruir as ilusões idealistas segundo as quais se pretende mudar os homens sem mudar a realidade em que se encontram. Em relação a essa preocupação, eu também sentia, enquanto homem do Terceiro Mundo, ou seja, enquanto homem do silêncio, da dependência, da opressão, da violência, do não ser, que o INODEP abria uma nova porta, pela qual nós homens do Terceiro e do Primeiro Mundo passaríamos para evitar cair no erro daqueles que pretendem salvar o Terceiro Mundo mediante "soluções-aspirinas" e cujas ações têm como base o seguinte princípio: "deixem as coisas como estão, e vejamos o que acontecerá".

Não atribuo a mim mesmo uma missão profética junto ao INODEP, mas reconheço como minha uma tarefa que também é dos outros: a de dizer "basta" a milhares de organizações que nascem no Primeiro Mundo, imbuídas de um falso messianismo em relação ao Terceiro Mundo e que se apresentam como tábuas de salvação; "basta" aos salvadores do Primeiro Mundo que se dirigem com avidez ao Terceiro Mundo para lhe mostrar o que se deve fazer, como se o Terceiro Mundo não pudesse encontrar por si mesmo soluções aos problemas que lhe são próprios; "basta" às organizações que, no Primeiro Mundo, se associam a uma ideologia de domesticação do

Terceiro Mundo; "basta" a uma invasão cultural que se apoia na invasão econômica, no imperialismo que esmaga, sufoca, mata, aniquila e impede o Terceiro Mundo de ser. Se eu acreditasse que aqueles que criaram o INODEP tivessem a intenção de invadir cada vez mais o Terceiro Mundo, não teria a ingenuidade de pensar que poderia sozinho mudar a ideologia dessa organização.

Aceitei ser um companheiro ao lado de companheiros que, apesar de serem do Primeiro Mundo, são do Terceiro Mundo dentro da Europa; pois eu, que nasci em Recife, quero, como homem do Terceiro Mundo, dar meu apoio, meu voto de confiança àqueles que criaram o INODEP.

Outro elemento que me levou a assumir um compromisso junto ao INODEP se encontra em sua própria sigla: trata-se do desenvolvimento dos povos. Não se deve confundir desenvolvimento e modernização. Ao contrário do que se diz em muitas universidades do Primeiro e do Terceiro Mundo, não se deve considerar que o desenvolvimento é apenas um problema técnico, sem perceber o pano de fundo político e ideológico.

Como homem do Terceiro Mundo, não posso compreender o desenvolvimento fora da categoria de dependência. É necessário insistir no fato de que os polos de decisão da transformação da sociedade devem estar no interior dessa sociedade. Se os polos de decisão estiverem fora dessa sociedade que se transforma, ela até pode se modernizar, mas não se desenvolver. "Desenvolvimento" significa "libertação", mas libertação de quê? Não se deve confundir o desenvolvimento do país, a autonomia de sua existência, com projetos de desenvolvimento comunitário. É necessário distinguir o desenvolvimento do país e o trabalho assistencial realizado nele. É preciso acreditar nas massas populares do Terceiro Mundo. Também é necessário superar a ilusão de que é pela alfabetização de adultos que se produzirão o desenvolvimento de um povo e sua libertação. É necessário também derrubar a ilusão de que, ao se abrirem escolas, fecham-se as prisões. É preciso denunciar a escola que funciona como controle social.

Vim ao INODEP como homem que não pode ficar "parado", como homem que gosta de arriscar para, com os outros, buscar aprender mais e retificar os erros. O INODEP deve ser um contexto teórico, mas ter o cuidado da dialética: devo analisar minha práxis no contexto concreto em que vivo, mas devo também fazer a teoria daquilo que vivo. Preciso do contexto teórico para aprofundar, analisar minha ação concreta. Eis, meus amigos, as razões pelas quais aceitei trabalhar no INODEP, pois considero o INODEP um ambiente de aprendizado em que não haverá nem educadores nem educados, mas educadores/educados e educados/educadores.

REFERÊNCIAS

Obras

FREIRE, Paulo. *Educação como prática da liberdade*. Rio de Janeiro: Paz e Terra, 1967-1969.

_____. *La educación como practica de la libertad*. Santiago: ICIRA (Instituto de Capacitación e Investigación en Reforma Agraria), 1969; Montevideo: Tierra Nueva, 1969.

_____. *L'Éducation*: pratique de la liberté. Paris: Le Cerf, 1971.

_____. *Pedagogy of the opressed*. New York: Herder and Herder, 1970.

_____. *Cultural action for freedom*. Cambridge, Mass.: Center for the Study of Development and Social Change, 1970.

Artigos, conferências, notas, entrevistas:

_____. L'Éducation: praxis de la Liberté (synthèse). *Cahiers Internationaux de Sociologie de la Coopération*. Paris, mai/juin 1968.

_____. *Sobre la acción cultural. extensión o comunicación?* Santiago: ICIRA, 1969.

_____. *The cultural action process*: an introduction to its understanding. Textos discutidos em seminário. Harvard University, 1969.

FREIRE, Paulo. La Méthode d'alphabétisation des adultes. *Communautés.* Publicado como Doc. 69/191. Cuernavaca, México: CIDOC, 1969.

_____. Conscientização e alfabetização. *Estudos Universitários,* revista de cultura da Universidade do Recife, n. 4, abr./jun. 1963.

_____. *Conscientización y alfabetización de adultos.* Conferência. Roma, 17/19 abr. 1970.

_____. *Conjunto de textos sobre acción cultural.* Santiago: ICIRA, 1969; Paris: Unesco, 1968, trechos traduzidos em francês pelo Instituto Piaget de Genebra, com introdução crítica de Marcela Cajardo.

_____. *Educación para la conscientización.* Santiago: ICIRA, 1969, publicado nos EUA por E. Fiori.

_____. Terceiro Mundo e Teologia: carta a um jovem teólogo. In: TORRES, C. A. *Consciência e história*: práxis educativa de Paulo Freire. São Paulo: Loyola, 1969.

_____. Notes on humanization and its educational implications. In: SÉMINAIRE EDUCATIF INTERNATIONAL, Roma, nov. 1970. (Tradução francesa pelo COE de Genebra.)

_____. Seminário no IRFED, 1 et 2 mai 1970.

Outros artigos publicados

World Outlook, New York, Apr./May 1970.

Rocca, Itália, jun. 1970.

Lutherische Monatshefte, Hanover, Alemanha.

World Christian Education, Genebra, Suíça.

Risk, COE, Genebra, Suíça.

Artigos sobre Paulo Freire

ALVES, Márcio Moreira. *El Cristo del pueblo*. Rio de Janeiro: Ercilla, 1966.

CARDOSO, Aurenice. Conscientização e alfabetização. Visão prática do sistema Paulo Freire de educação de adultos. *Estudos universitários*, revista de cultura da Universidade do Recife, v. IV, 1963.

FREIRE, Paulo. *Développement et Civilisation*, IRFED, n. 23, set. 1965.

_____. *IDOC International*, Le Seuil, n. 29, 15 out./1º set. 1970.

INODEP. *Actes du Colloque de Chantilly*, déc. 1970.

MACIEL, Jarbas. A fundamentação teórica do sistema de Educação de Paulo Freire. *Estudos universitários*, revista de cultura da Universidade do Recife, v. IV, 1963.

SANDERS, Thomas G. The Paulo Freire Method: Literacy, Training and Conscientization. *American Universities Field Staff*, June 1968.

SCHOOYANS, Michel. Une maïeutique libératrice: la méthode de Paulo Freire. *Bulletin Cultures et Développement*. Louvain.

SILVA, Alberto. La pédagogie de Paulo Freire. *Études*, déc. 1970.